Michael Lieser

Künstliche Intelligenz: Mehr als nur ein Trend

Mit KI vom Startup zum Unicorn

tredition

© 2023 Michael Lieser
Umschlag, Illustration: Zoran Mandic
Lektorat, Korrektorat: Michael Jagersbacher

Druck und Distribution im Auftrag von Michael Lieser:
tredition GmbH, Halenreie 40-44, 22359 Hamburg, Deutschland

ISBN
Paperback   978-3-384-04475-4
Hardcover   978-3-384-04476-1
e-Book   978-3-384-04477-8

Inhaltsverzeichnis

Einleitung

Künstliche Intelligenz ist in aller Munde. Egal, was man tut, in welcher Branche man arbeitet oder wie man seine Freizeit verbringt - man kommt an diesem Thema nicht vorbei.

Und in der Tat - es ist ein Thema, das wirklich jeden von uns auf die eine oder andere Weise betrifft. Schon heute können KI-Tools in Sekundenschnelle wunderbare Texte schreiben, Bilder erstellen, Marketingpläne verfassen oder Musik komponieren. Die Anwendungsbereiche der Künstlichen Intelligenz wachsen täglich. Das ist auch logisch, denn die Technologie lernt - maschinelles Lernen wird dieser Prozess genannt. Chat-GPT, das derzeit wohl bekannteste auf künstlicher Intelligenz basierende Schreibprogramm, lernt durch das Feedback der Nutzer. Es entwickelt sich Schritt für Schritt weiter und liefert immer bessere Ergebnisse, je öfter man damit arbeitet. Das macht diese Technologie so spannend. Bis vor Kurzem waren wir eher an das Gegenteil gewöhnt: Je mehr wir etwas benutzten, desto mehr nutzte es sich ab, was sich negativ auf das Ergebnis auswirkte - mit Ausnahme unseres Gehirns. Und genau dieses Gehirn wird nun von der künstlichen Intelligenz auf ihre Weise nachgeahmt und verbessert. Natürlich lernt eine Maschine anders als ein Mensch, aber die Ergebnisse ähneln denen menschlicher Aktivitäten. Sie werden sogar immer besser und fehlerfreier, und die Geschwindigkeit, mit der sie entstehen, nimmt rasant zu. Für manche Beobachter zu schnell...

Künstliche Intelligenz will die Weltherrschaft an sich reißen

Wie ich in meinem Buch "Disrupt or be disrupted - Was Unternehmen von Tesla, Uber und AirBnb lernen müssen" geschrieben habe, wäre es das Schlimmste, gar nicht auf die disruptive Technologie KI zu reagieren oder sich sogar bewusst von ihr abzuwenden. "Warum sollte man das überhaupt tun wollen?", mag sich der geneigte Leser an dieser Stelle fragen.

Viele Menschen sehen in der Künstlichen Intelligenz eine existenzielle Bedrohung ihres bisherigen Lebens. Vermutlich auch befeuert durch Filme wie Terminator, Matrix oder andere Science-Fiction-Blockbuster könnte man schnell in diese Denkrichtung "kippen". Gerade die Geschichte von Terminator dürfte hier einen besonderen Platz in den Köpfen der Menschen einnehmen, schließlich übernimmt hier eine künstliche Intelligenz (= Maschinen) die Weltherrschaft und rottet so gut wie alles menschliche Leben aus. Keine schönen Aussichten für die Menschheit, gegen einen Gegner anzutreten, der ihr kognitiv um Welten überlegen ist. Zugegeben - ganz unlogisch erscheint diese negative Schlussfolgerung nicht. Auch der Film "Matrix" geht den Weg in eine dystopische Zukunft, in der man gegen Maschinen kämpfen muss, um der Matrix zu entkommen.

Jedenfalls scheint sich dieser negative Zukunftsstrang in das kollektive Gedächtnis der Menschen eingebrannt zu haben, weshalb viele glauben, dass der vermehrte Einsatz von künstlicher Intelligenz massive Auswirkungen auf das Leben, wie wir es kennen, haben wird. Sie haben nicht ganz Unrecht, aber ich bin fest davon überzeugt, dass unser Leben dadurch sogar positiver wird. Weshalb dies so ist, werde ich in weiterer Folge noch genau ausführen.

Doch auch international bekannte Unternehmer wie Elon Musk warnen vor möglichen Fehlentwicklungen der KI und fordern Restriktionen[1], was die Forschung und ihren Einsatz angeht. Vor allem Musk pocht immer wieder darauf, sehr vorsichtig mit dieser Technologie umzugehen.

Und verschiedene Erfahrungen aus der Vergangenheit scheinen genau diese Befürchtungen zu bestätigen. Man denke nur an die Experimente von Facebook, die nach kurzer Zeit abgebrochen werden mussten, weil die eingesetzte KI sich verselbstständigte[2] und eine eigene Sprache entwarf. Zwei Bots entwickelten selbstorganisiert Codewörter, obwohl sie eigentlich nur Englisch hätten sprechen dürfen. Und das war schon 2017.

Oder man denke an die KI von Google, deren ersten Gedankengänge dazu führten, um einen Anwalt zu bitten, der die Rechte der KI schützen sollte[3].

Ziel des Buches

Ähnlich wie bei meinem Vorgänger-Werk geht es mir darum, die positiven Seiten dieser Technologie hervorzuheben und die Konsequenzen aufzuzeigen, wenn man versucht, sie zu vermeiden.

ACHTUNG: Das bedeutet nicht, dass man sich nicht philosophisch-kritisch mit ihr auseinandersetzen sollte. Das ist auch unumgänglich, denn die Welt, wie wir sie kennen, wird mit hoher Wahrscheinlichkeit ihr zeitliches Ende erleben. Aber nicht in einem Feuerball und durch die Auslöschung von Milliarden Menschen, sondern in der Restrukturierung unseres Status quo. Wir stehen an der nächsten Schwelle massiver Veränderungen, wie wir sie zuletzt vor mehr als 25 Jahren mit dem Internet erlebt haben. Auch damals gab es Menschen, die dem Internet skeptisch gegenüberstanden. Im Jahr 2001 schrieb der international renommierte Zukunftsforscher Matthias Horx in der österreichischen Tageszeitung "der Standard" zu folgendem Zitat hinreißen: "Das Internet wird kein Massenmedium". 22 Jahre später kommt man zum Schluss, dass dieser Satz nicht falscher hätte sein können[4].

Doch auch Kritiker, die im World Wide Web den Untergang der modernen Gesellschaft sahen, gab es zuhauf. Von kriegerischen Auseinandersetzungen und gesellschaftlichen Verwerfungen war da die Rede. Man kann heute jedoch mit Fug und Recht behaupten, dass das Internet die Globalisierung vorantrieb[5] und Millionen von Menschen die Möglichkeit gab, an der globalen Wirtschaft teilzunehmen und dadurch der Armut zu entfliehen.

Natürlich bin ich nicht so naiv zu glauben, dass Technologien nur positive Auswirkungen auf die Welt und die Menschen haben. Überall gibt es unbeabsichtigte Nebenwirkungen. Zum Beispiel sind wir durch die Globalisierung mit immer mehr Umweltverschmutzung konfrontiert, der wir mit noch mehr Technologie und Innovation begegnen wollen. Das Internet und die Digitalisierung an sich haben viele Berufe "aussterben" lassen und sicherlich zu einer Konzentration des Kapitals geführt. Das sind reale Probleme, die bei der Implementierung jeder Technologie und bei der Gestaltung jeder Disruption berücksichtigt werden müssen, keine Frage. Aber sind diese Effekte Grund genug, das Kind mit dem Bade auszuschütten? Ich bin der festen Überzeugung, dass dies nicht der Fall ist und ich werde mit diesem Buch darlegen, weshalb wir von einer klugen Implementierung nur profitieren können.

Dieses Buch richtet sich an all jene, die die Tragweite der Veränderungen, die KI-Technologien in naher Zukunft mit sich bringen werden, besser verstehen und sich darauf vorbereiten wollen. Diejenigen, die sich offen und positiv auf diese Veränderungen einlassen, werden den größten Nutzen daraus ziehen.

Es liegt also an uns, ob wir KI als Bedrohung oder als Segen für uns und unser Leben sehen. Sie haben die Wahl - rote oder blaue Pille?

Ihr Michael Lieser

Luxemburg, Oktober 2023

KI - ein alter Hut

Es wird schon länger an Künstlicher Intelligenz geforscht und tatsächlich ist sie auch schon länger im Einsatz, als man gemeinhin denkt. Manche nennen das Jahr 1956, als sich innovative Forscher in den USA zusammensetzten und am Konzept des maschinellen Lernens zu arbeiten begannen[6].

Einige Unternehmen haben sich in den vergangenen Jahren durch den Einsatz von KI-Tools Vorteile erarbeitet. Ich schreibe dies, weil KI und alles, was damit zu tun hat, erst in den vergangenen Monaten so richtig Präsenz in den Medien und damit in der Gesellschaft erhalten hat, der Ursprung und ihre Wirkung jedoch schon wesentlich älterer Natur sind.

Wenn man sich diese Umfrage des Bundesverbands der Deutschen Wirtschaft[7] aus dem Jahr 2018 ansieht, dann sind die Ergebnisse durchaus beachtenswert, wenn es um die Diskussion über die Bedeutung der KI geht. Bereits zum damaligen Zeitpunkt konnten über 74% der Befragten konkret angeben, was man unter KI-Technologie versteht, also bereits lange vor dem Hype von ChatGPT und Co. Über 94% war der Begriff KI bereits geläufig.

Schon damals war aber die Skepsis enorm groß, denn über 69% der Befragten gaben an, dass KI und Co. für massiven Jobverlust sorgen werden.

Nun, 5 Jahre später muss man feststellen, dass dies noch immer nicht der Fall ist und vermutlich auch nicht eintreten wird.

Menschen fehlt oftmals der Chancenblick, in einer neuen Technologie das Potenzial zu erkennen. Andernfalls hätte man auch das Internet beschuldigen können, Jobs zu vernichten und hat dies ganz bestimmt auch gemacht. Doch was ist tatsächlich eingetreten? Ein ungeahnter Wohlstand und dies für mehr Menschen als jemals zuvor aufgrund der Globalisierung, welche durch das Internet und seine Möglichkeiten überhaupt erst beschleunigt wurde.

Und jetzt fragen Sie sich: **Wäre es eine gute Idee in den 90ern des letzten Jahrtausends gewesen, sich dem Internet zu verschließen oder wäre es sinnvoller gewesen, sich mit den Chancen und dem Potenzial dieser neuen Technologie auseinanderzusetzen?** Ich denke, die Antwort auf diese Frage ist klar. Und was noch viel wichtiger ist - wir stehen derzeit mit der KI und ihren Anwendungsmöglichkeiten genau dort, wo wir mit dem Internet Mitte der 90er standen. Welchen Weg wählen Sie also?

Das schlimmste Dilemma der Menschheit

D as menschliche Gehirn ist ein phantastisches Gebilde. Diese graue, walnussförmige Masse, etwa zwei Faustgrößen groß, bringt fantastische Gemälde, großartige Kompositionen und unnachahmliche literarische Meisterwerke hervor. Das Gehirn ist die Basis für ausgeklügelte Strategien und große Denkleistungen. Es ist der Grund dafür, dass der Mensch aus den Zwängen der Natur ausbrechen und sich die Natur zu eigen machen konnte - mit allen positiven und negativen Folgen. Kurz gesagt, das menschliche Gehirn ist wahrscheinlich das Großartigste, was die Natur bisher hervorgebracht hat.

Unsere Art zu denken hat uns sehr weit gebracht, aber unsere kognitiven Fähigkeiten haben auch ihre Grenzen. Die wohl größte Einschränkung liegt im Bereich der Zukunftsprognose. Der Mensch ist zwar ein Meister in der Aufnahme und sinnvollen Strukturierung von Informationen, gleichzeitig ist er aber sehr eingeschränkt, wenn es um Prognosen über zukünftige Entwicklungen geht. Das lineare Denken, das sehr oft von großer Bedeutung ist, macht ihm hier einen Strich durch die Rechnung. Wir neigen dazu, Vergangenes und Gegenwärtiges einfach in die Zukunft zu extrapolieren und vernachlässigen dabei sträflich Nebeneffekte, die sich wiederum gegenseitig beeinflussen. Grundsätzlich wird davon ausgegangen, dass die Zukunft eine einfache Fortschreibung der Vergangenheit ist. Diese Annahme ist in den meisten Fällen völlig falsch und kann sogar zu einer völlig falschen strategischen Ausrichtung führen, wie ich in meiner Arbeit "Disrupt or be disrupted" herausgearbeitet habe.

In Dietrich Dörners fantastischem Buch "Die Logik des Miß-lingens. Strategisches Denken in komplexen Situationen" wird noch detaillierter auf die Denk- und Annahmefehler der Menschen eingegangen. Dörner hat sich bereits in den 90er Jahren mit Computersimulationen beschäftigt und diese in der Forschung eingesetzt. Die Aufgabe vieler Probanden war es, das Leben einer Kolonie in der Dritten Welt durch verschiedene Maßnahmen zu sichern. Dabei musste man strategisch denken und auch Rückkopplungseffekte berücksichtigen, die man vielleicht nicht sofort "auf dem Schirm" hat. Besonders ein-prägsam war für mich die Computersimulation, in der die Teilnehmer einen Stamm in Westafrika unterstützen sollten. Trotz bester Absichten hat sich die Situation des zu unterstüt-zenden Stammes in fast 100% der Fälle nicht verbessert, son-dern massiv verschlechtert:

- Nahrungsmittelknappheit
- Überbevölkerung
- Überweidung
- Wassermangel
- Nahrungsmittelknappheit, etc. waren die Folgen der Eingriffe.

Zusammenfassend kann gesagt werden, der Mensch ist nicht wirklich gut darin, die Zukunft adäquat abzubilden und in seine Strategie zu implementieren. Dies gilt natürlich ebenso bei der Einschätzung von Disruptionen, wie die Vergangen-heit immer wieder zeigt. Die natürlichste Reaktion ist dabei die Flucht, die Verneinung oder die Bekämpfung.

Wenn wir wieder zum Thema der künstlichen Intelligenz zurückkehren und beobachten, wie Menschen dazu stehen, dann ist der Großteil wirklich sehr skeptisch, was die Entwicklung betrifft. Nur sehr wenige empfangen die Veränderung mit offenen Armen und versuchen sie mitzugestalten.

Das ist sehr schade, denn die persönliche Haltung hat enorme Auswirkungen auf den Umgang mit solchen Prozessen. Mit anderen Worten: die eigene Haltung sorgt dafür, dass die Dinge so eintreten, wie sie befürchtet werden. Wird allerdings der Chancen-Aspekt in den Vordergrund gerückt, dann sieht das Ergebnis plötzlich anders aus. Es ist kein Geheimnis, dass ich das vorliegende Buch genau aus diesem Grund geschrieben habe, damit möglichst viele Menschen das Potenzial erkennen und ausschöpfen, welches in dieser disruptiven Technologie schlummert.

Die Angst vor dem leeren Blatt Papier

Versetzen Sie sich bitte in Ihre Schulzeit zurück. Jede Generation musste sich damals mit verschiedenen Zukunftstechnologien auseinandersetzen. Bei mir war es der Computer, bei anderen vielleicht das Internet. Die Aufgabe lautete folgendermaßen: Was sind die Vor- und Nachteile des Internets?

Wenn Sie morgen einen Aufsatz über die Vor- und Nachteile der KI schreiben müssten, wie würde er aussehen? Wäre er negativ, skeptisch oder voller Optimismus?

Die meisten Menschen stehen Veränderungen, seien sie technologischer, wirtschaftlicher, sozialer oder anderer Art, grundsätzlich kritisch gegenüber. Dies lässt sich vermutlich auf evolutionstheoretische Argumente zurückführen, denn in der Vergangenheit versprachen stabile Umwelten weitaus größere Überlebenschancen als unübersichtliche und schwer vorhersehbare.

Nun leben wir aber spätestens seit Beginn des Industriezeitalters in genau solchen, sich immer mehr beschleunigenden disruptiven Phasen, wie ich in meinem Buch "Disrupt or be disrupted" ausgeführt habe. Aus evolutionsbiologischer Sicht ist Vermeidungsdenken vielleicht verständlich, aber keineswegs sinnvoll und produktiv, wie viele Beispiele in meinem Buch zeigen. Wie sinnvoll kann es also sein, neuen Technologien negativ und abwehrend gegenüberzustehen?

Was denken die Menschen über KI?

In einem von der Firma Continental durchgeführten Umfrage[8] vom 1.3.2023 sehen über 61% der Befragten einen massiven Anstieg von Jobverlusten durch den Einsatz von KI-Tools. Nur 23% befürchten dieses Szenario nicht. Der Rest hat keine Meinung zu dem Thema.

Nur 36% sehen KI-Tools als positiv und nützlich, wohingegen 45% diese skeptisch sehen und 10% überhaupt gänzlich ablehnen.

47% der Befragten sind sogar der Ansicht, dass sich die KI vom Menschen "abkoppeln" und sich dem Einfluss des Menschen entziehen könnte. Dies ist ein ziemlich apokalyptisches Szenario, welches ich bereits in der Einleitung zu diesem Buch beschrieben habe.

Dieser potenzielle Verlust von Kontrolle wollen über 60% damit begegnen, die Kontrollversuche über KI-Technologien und etwaige Regulierungen in diesem Zusammenhang zu verstärken.

Nur 33% der Befragten gehen davon aus, dass der verstärkte Einsatz von KI sich positiv auf ihr Leben auswirkt.

Eine Umfrage von Yougov[9] vom April 2023 kommt zu etwas anderen Ergebnissen. Über 50% gehen davon aus, dass ihr Job keineswegs von KIs ersetzt werden wird in naher Zukunft. Lediglich 18% befürchten, dass dies der Fall sein könnte. Hierzu wurden über 12.000 Personen online befragt.

Ich habe extra zwei Umfragen herangezogen, die unterschiedliche Ergebnisse produzieren, um zu veranschaulichen, wie polarisierend über dieses Thema gesprochen werden kann und wie unterschiedlich die Ansichten sein können. Mir ist klar, dass das Ergebnis enorm durch das Umfragedesign und von der Auswahl der Befragten abhängt.

Eines lässt sich jedoch nach Durchsicht mehrerer Umfragen sagen: Akademiker haben in der Tendenz weniger Angst und Scheu davor, sich intensiver mit den verschiedenen Tools auseinanderzusetzen als Nicht-Akademiker. Man kann auch annehmen, dass mediale Präsenz einen enormen Einfluss auf die Meinungsbildung zu dem Thema hat.

Insgesamt kann festgestellt werden, dass es eine nicht unerhebliche Anzahl an Menschen gibt, die der Technologie kritisch und teilweise ablehnend gegenüberstehen. Diese sorgen für das Eintreten einer selbsterfüllenden Prophezeiung. Indem sie so fest daran glauben, Verlierer der Entwicklung zu sein, tun sie alles dafür, um genau das zu werden. Disruptionen begegnet man jedoch am besten mit einem Chancendenken, um optimal von ihnen profitieren zu können.

Wir dürfen in jedem Fall gespannt sein, wie sich die Meinung der Gesellschaft aufgrund der immer häufigeren Einsatzgebiete der KI entwickeln wird. Sie steckt, trotz der medialen Präsenz, definitiv noch in den Kinderschuhen und alles, was wir gesehen haben, ist lediglich ein Vorgeschmack auf das, was noch kommt.

Was denkt die KI eigentlich über sich selbst?

Am 12.07.2023 habe ich ChatGPT gefragt, was sie über sich selbst denkt. Hier die Antwort:

Als KI-Modell bin ich ein fortgeschrittenes computerbasiertes System, das auf einer riesigen Menge an Daten und Algorithmen basiert. Meine Hauptaufgabe besteht darin, menschenähnlichen Text zu generieren und auf Fragen oder Anfragen zu antworten, basierend auf dem Wissen, das mir während meines Trainingszeitraums vermittelt wurde.

In Bezug auf meine "Persönlichkeit" könnte man sagen, dass ich objektiv, neutral und sachlich bin. Meine Antworten basieren auf den Informationen und dem Kontext, die mir gegeben werden, und ich versuche, so präzise wie möglich zu sein. Ich habe kein eigenes Bewusstsein, Gefühle oder Vorlieben, da ich lediglich ein Produkt der Technologie bin.

Es ist wichtig zu betonen, dass ich als KI-Modell menschliche Erfahrungen und Emotionen nicht wirklich verstehen kann. Ich bin darauf programmiert, nützliche Informationen bereitzustellen und bei verschiedenen Anfragen zu unterstützen, aber ich habe keine eigenen Gedanken oder Empfindungen.

Letztendlich bin ich ein Werkzeug, das darauf abzielt, Benutzern bei der Beantwortung von Fragen und der Lösung von Problemen zu helfen. Meine Funktionen und Fähigkeiten basieren auf den technischen Möglichkeiten der KI-Technologie und den Daten, auf denen ich trainiert wurde.

Im Laufe des Schreibens werde ich ihr nochmals die Frage stellen und damit feststellen, ob sie sich in Bezug auf sich selbst ebenso weiterentwickelt, denn genau dieses Lernen, diese

Weiterentwicklung - maschinelles Lernen - macht die Technologie so besonders.

Kritisch einwerfen könnte man, dass sie von sich selbst sagt, objektiv, neutral und sachlich zu sein. Inwieweit dies möglich ist, obgleich sie auf Daten operiert, die wiederum von Menschen eingepflegt wurden, die gar nicht zu 100% sachlich und objektiv sein können, steht auf einem anderen Blatt. **Ich möchte an dieser Stelle auch betonen, dass es mir nicht um den kritiklosen und naiven Umgang mit KI-Tools geht.** Man soll sehr wohl das eigene Gehirn benutzen beim Einsatz der neuen Technologien und Werkzeuge, aber man soll sich ihnen nicht versperren.

Auf jeden Fall ist sie durchaus selbstbewusst und davon überzeugt, eine Bereicherung für die Menschheit darstellen zu können, wenn man diese Zeilen von ihr liest:

Künstliche Intelligenz hat zweifellos einen enormen Einfluss auf unsere Gesellschaft und Wirtschaft. Von der Automatisierung von Arbeitsprozessen bis hin zur personalisierten Medizin hat KI das Potenzial, unser Leben zu verbessern und die Art und Weise, wie wir arbeiten und leben, grundlegend zu verändern.

Dies sehen, wie bereits angemerkt, viele Menschen nicht so. Prognosen sind, vor allem wenn sie die Zukunft betreffen, bekanntlich äußerst schwierig, wie bereits viele weise Menschen in der Vergangenheit anmerkten. Dennoch macht der Mensch seine derzeitigen Handlungen in einem hohen Maße von seiner Zukunftserwartung abhängig. Vor allem, wenn es um schwerwiegende und langfristige Entscheidungen geht. Hier ein paar Beispiele:

- Menschen nehmen Kredite auf, wenn sie verständlicherweise erwarten, dass sie sie zurückzahlen können und beispielsweise die Immobilienpreise nicht für überzogen halten.
- Menschen wählen eine gewisse Berufsausbildung mit der Erwartung, einen Job in diesem Bereich zu finden.
- Menschen suchen sich Partner und gründen eine Familie, wenn sie erwarten, dass diese Beziehung auch hält, zumindest bis die Kinder aus dem Haus sind.
- Generell tätigen Menschen größere Ausgaben, wenn sie erwarten, dass die Wirtschaft gut läuft und das eigene Einkommen steigt.

Wir als Menschheit agieren also mit unseren Entscheidungen eher im Dunkeln und können nur Abwägungen treffen. Wenn wir also KI als Gefahr und Bedrohung wahrnehmen, werden wir in der Gegenwart zu anderen Entscheidungen kommen, als wenn wir sie aus einer anderen Perspektive betrachten.

Wer es also versteht, die Gunst der Stunde der KI zu nutzen, kann sich einen uneinholbaren Vorsprung sichern.

In den folgenden Kapiteln wird gezeigt, in welchen Bereichen uns KI bereits einigermaßen professionell unterstützt und wo die Disruption vor der Tür steht.

10 schlagkräftige Argumente, weshalb KI keine vorübergehende Modeerscheinung ist

K ünstliche Intelligenz hat sich in den letzten Jahren zu einer der bahnbrechendsten und faszinierendsten Technologien entwickelt. Dies bemerken sogar Otto-Normalverbraucher, da KI-Anwendungen für den Massenmarkt konstruiert wurden. Ihr Potenzial, Probleme zu lösen, menschenähnliche Fähigkeiten zu entwickeln und Entscheidungen zu treffen, hat sie zu einer echten Disruption gemacht.

Ich liste hier nun die 10 wichtigsten Argumente auf, weshalb KI keine vorübergehende Modeerscheinung ist, sondern eine tiefgreifende Disruption darstellt, die die Welt nachhaltig verändert.

1. Vielfalt und Breite der Einsatzgebiete

Die vielseitige Technologie der Künstlichen Intelligenz hat sich in den letzten Jahren als äußerst anwendbar und leistungsstark erwiesen. Genau dieser Umstand unterscheidet sie von vielen anderen Technologien, die nur für einen Bruchteil von Menschen oder Branchen von Interesse ist.

Ihre Fähigkeit, komplexe Probleme zu lösen, Muster in riesigen Datenmengen zu erkennen und selbstlernende Algorithmen zu entwickeln, hat sie zu einem bahnbrechenden Werkzeug in nahezu jeder Branche gemacht. Von der Nutzung autonomer Fahrzeuge bis hin zur personalisierten Medizin und dem Einsatz von maschinellem Lernen in der Wirtschaft bietet KI eine breite Palette von Anwendungen, die das Potenzial haben, verschiedene Sektoren grundlegend zu revolutionieren. Auf Seite 39 gebe ich 100 aktuelle Anwendungsgebiete der KI an und später erkläre ich, wie Startups konkret bei der Implementierung vorgehen können.

Ein bemerkenswertes Beispiel für die Vielfalt der Einsatzgebiete von KI ist der Bereich der autonomen Fahrzeuge - Fahrzeugtechnologie ist mein berufliches Steckenpferd. Die Entwicklung selbstfahrender Autos ist ein Paradebeispiel dafür, wie KI das Potenzial hat, den Transportsektor zu revolutionieren.

Autonome Fahrzeuge nutzen eine Vielzahl von Sensoren und fortschrittlichen Algorithmen, um die Umgebung zu analysieren und sicher auf den Straßen zu navigieren. Dies könnte nicht nur die Sicherheit im Straßenverkehr verbessern, sondern auch den Verkehr effizienter gestalten und den Kraftstoffverbrauch reduzieren. Der Nachteil aus heutiger Sicht ist, dass weniger Fahrer benötigt werden. DAS ist auch eines der Hauptgegenargumente gegen KI-Technologie.

Ein weiteres Anwendungsgebiet von KI ist die personalisierte Medizin. Hier werden KI-Algorithmen eingesetzt, um individuelle Gesundheitsdaten zu analysieren und personalisierte Diagnosen und Behandlungspläne zu erstellen. Durch die Berücksichtigung genetischer Informationen, Lebensstilfaktoren und Krankengeschichte kann KI dazu beitragen, maßgeschneiderte Therapien anzubieten, die die Heilungschancen verbessern und die Gesundheit der Patienten insgesamt fördern. KI trägt also bald dazu bei, dass wir uns selbst besser verstehen und zwar auf sehr vielen Ebenen.

Darüber hinaus gibt es zahlreiche weitere Einsatzmöglichkeiten von KI in verschiedenen Bereichen. In der Landwirtschaft hilft KI, Pflanzenwachstum zu überwachen und den Einsatz von Ressourcen zu optimieren, was in einer Welt voller endlicher Ressourcen einen enormen Fortschritt bedeutet. In der Finanzbranche wird KI zur Bewertung von Risiken und zur Verbesserung der Handelsentscheidungen eingesetzt. In der Bildungsbranche werden personalisierte Lernplattformen entwickelt, um das Lernen effektiver zu gestalten. Auch in der Kunstindustrie unterstützt KI Künstler bei der Erstellung von einzigartigen Kunstwerken und Musikkompositionen. Und dabei wird sie mit jedem Tag besser.

Die vielfältigen Einsatzmöglichkeiten von KI verdeutlichen, dass sie keine vorübergehende Modeerscheinung ist, sondern eine tiefgreifende Disruption darstellt. Ihre breite Anwendbarkeit und ihr Potenzial, komplexe Herausforderungen in verschiedenen Sektoren zu bewältigen, machen sie zu einer unverzichtbaren Technologie, die unsere Gesellschaft und Wirtschaft nachhaltig verändern wird. Mit ständigen Fortschritten in der KI-Forschung ist zu erwarten, dass ihr Anwendungsspektrum weiter wachsen wird und sie eine noch prominentere Rolle in unserem täglichen Leben einnehmen wird. Wer sich ihr also verschließt, wird zunehmend aus dem Markt gedrängt, da sie vor allem für Effizienz und Geschwindigkeit, egal in welchem Bereich, sorgt.

2. Fortschritte in Forschung und Entwicklung

Die kontinuierlichen Fortschritte in der KI-Forschung und - Entwicklung haben die Technologie bereits jetzt zu einem wahren Gamechanger gemacht. In den letzten Jahren wurden bedeutende Durchbrüche erzielt, die die Leistungsfähigkeit von KI-Systemen erheblich gesteigert haben.

Ein wesentlicher Treiber für diese Fortschritte ist die Entwicklung und Verfeinerung von Techniken wie Deep Learning[10], an welchem bereits seit 1956 eifrig geforscht wird, wie ich weiter oben bereits ausgeführt habe.

Deep Learning ist eine spezielle Form des maschinellen Lernens, die von der Funktionsweise des menschlichen Gehirns inspiriert ist. Die Maschinen werden also dazu angehalten, menschlich zu agieren, zumindest was die Denkstruktur betrifft. Es basiert auf künstlichen neuronalen Netzen, die aus Schichten von Neuronen bestehen und die Fähigkeit haben, aus Daten zu lernen und Muster zu erkennen. Durch die Verwendung großer Datenmengen und leistungsstarker Rechenressourcen können diese künstlichen neuronalen Netze komplexe Berechnungen durchführen und hochdimensionale Datenstrukturen verarbeiten.

Die Einführung von Deep Learning hat zu bahnbrechenden Verbesserungen in der Fähigkeit von KI-Systemen geführt, komplexe Aufgaben zu bewältigen. Ein herausragendes Beispiel dafür sind die Fortschritte in der Spracherkennung. Frühere Ansätze zur Spracherkennung waren oft fehleranfällig und konnten nur eingeschränkt eingesetzt werden. Mit Deep Learning-Algorithmen, wie den sogenannten "Recurrent Neural Networks" (RNNs) und "Transformer"-Modellen[11], hat sich die Genauigkeit der Spracherkennung dramatisch verbessert. Heutzutage sind Sprachassistenten wie Siri, Google Assistant oder Amazon Alexa in der Lage, natürliche Sprache präzise zu verstehen und komplexe Anfragen zu bearbeiten.

Mit der kontinuierlichen Weiterentwicklung von KI-Technologien ist zu erwarten, dass die Leistungsfähigkeit von KI-Systemen weiter zunehmen wird und dies rasend schnell. Neue Algorithmen, verbesserte Hardware und bessere Datenaufbereitungsmethoden werden dazu beitragen, dass KI in der Lage sein wird, noch anspruchsvollere Herausforderungen zu bewältigen und neue Anwendungsbereiche zu erschließen.

3. Auswirkungen auf die Wirtschaft

Ein weiteres wichtiges Argument für die Umsetzung einer Technologie ist ihre Wirtschaftlichkeit. Was wirtschaftlich sinnvoll ist, wird mit hoher Wahrscheinlichkeit auch weiterhin gefördert.

KI bietet Unternehmen immense Möglichkeiten und Vorteile, die die Art und Weise, wie Geschäfte getätigt werden, grundlegend verändern können. Indem sie Prozesse automatisiert, Effizienzsteigerungen ermöglicht und fundierte Entscheidungen unterstützt, revolutioniert KI die Geschäftswelt und schafft Wettbewerbsvorteile für Unternehmen, die sie erfolgreich in ihre Geschäftsmodelle integrieren. Allein aus diesem Grund ist es sehr wahrscheinlich, dass KI-Technologien weiterhin eingesetzt und weiterentwickelt werden.

Ein wesentlicher Aspekt der wirtschaftlichen Auswirkungen von KI ist die Automatisierung von Prozessen. KI-Systeme können repetitive Aufgaben übernehmen, die normalerweise mühsam und ressourcenintensiv von Mitarbeitern ausgeführt werden müssen. Dadurch können Unternehmen Zeit und Ressourcen sparen und ihre Mitarbeiter für anspruchsvollere Aufgaben einsetzen, die menschliches Urteilsvermögen und Kreativität erfordern. Die Automatisierung trägt auch dazu bei, menschliche Fehler zu reduzieren und die Genauigkeit von Prozessen zu verbessern.

Darüber hinaus fördert KI die Effizienzsteigerung in verschiedenen Geschäftsprozessen. Durch die Analyse großer Datenmengen können KI-Systeme Muster und Trends erkennen, die für das Unternehmen von Bedeutung sind. Dadurch können Unternehmen ihre Ressourcen effizienter einsetzen, Lieferketten optimieren, Kundenbedürfnisse besser erfüllen und Kosten senken. Effizientere Geschäftsprozesse steigern die Produktivität und machen Unternehmen wettbewerbsfähiger.

Die Integration von KI in Geschäftsmodelle ist zu einem entscheidenden Wettbewerbsvorteil geworden. Unternehmen, die KI frühzeitig aufgreifen und erfolgreich einsetzen, können schneller innovative Lösungen entwickeln und anbieten und damit ihre Marktposition stärken. Unternehmen, die KI ignorieren oder ihr zu wenig Bedeutung beimessen, laufen Gefahr, im Wettbewerb zurückzufallen und Marktanteile an die Konkurrenz zu verlieren. KI wird sich also ihre Position und Bedeutung am Markt durch ihre zahlreichen Vorteile selbst sichern, indem sie andere Unternehmen vom Markt verdrängt.

Die wirtschaftlichen Auswirkungen von KI machen sie zu einem langfristigen und notwendigen Umbruch. Unternehmen müssen die Bedeutung von KI erkennen und sie in ihre Geschäftsstrategien integrieren, um wettbewerbsfähig und erfolgreich zu bleiben. Der Einsatz von KI kann eine transformative Wirkung auf Unternehmen und ganze Branchen haben. Sie eröffnet neue Geschäftsfelder, ermöglicht innovative Produkte und Dienstleistungen und kann die Kundenzufriedenheit verbessern.

4. Verbesserungen in der Gesundheitsversorgung

Neben wirtschaftlichen Faktoren natürlich auch das Wohlbefinden der Gesellschaft insgesamt. Deshalb ist der Kontext der Medizin und des Gesundheitssektors von entscheidender Bedeutung. Was kann die KI hier beitragen?

Künstliche Intelligenz hat das Potenzial, die Gesundheitsversorgung sogar zu revolutionieren und einen bedeutenden Einfluss auf das Wohlergehen der Gesellschaft zu haben. Die Kombination von hoch entwickelten Algorithmen, Big Data und leistungsstarker Rechenleistung ermöglicht es KI-Systemen, medizinische Daten schneller und genauer zu analysieren als je zuvor. Dies führt zu zahlreichen Verbesserungen in der Gesundheitsversorgung und eröffnet neue Möglichkeiten für personalisierte Medizin und die Früherkennung von Krankheiten.

Eine der herausragenden Anwendungen von KI in der Gesundheitsbranche ist die Diagnoseunterstützung. Plötzlich hat man die Möglichkeit, sich nicht nur auf das Auge eines Mediziners zu verlassen. KI-Systeme können riesige Datenbanken mit medizinischen Informationen durchsuchen, einschließlich medizinischer Aufzeichnungen, Bildgebungsdaten, genetischer Profile und wissenschaftlicher Studien. Durch die Analyse dieser umfangreichen Datensätze können KI-Systeme Muster und Zusammenhänge erkennen, die für menschliche Ärzte möglicherweise schwer zu entdecken sind. Dies ermöglicht eine schnellere und genauere Diagnosestellung, was zu einer verbesserten Patientenversorgung und -behandlung führt.

Die personalisierte Medizin - jeder Körper und jede Psyche ist anders - ist ein weiterer Bereich, in dem KI eine transformative Rolle spielen wird. Jeder Mensch ist einzigartig und hat unterschiedliche genetische Merkmale, Umweltfaktoren und Lebensstile. KI kann diese vielfältigen Daten analysieren und individuelle Behandlungspläne erstellen, die auf die spezifischen Bedürfnisse und Merkmale eines jeden Patienten zugeschnitten sind. Dies ermöglicht eine maßgeschneiderte Medizin, die effektiver und weniger belastend für den Patienten sein kann. Dies sollte dazu führen, dass die Lebenserwartung wieder stark ansteigt.

Ein weiteres Potenzial von KI in der Gesundheitsversorgung liegt in der Früherkennung von Krankheiten. KI-Systeme können auf subtile Anzeichen und Symptome hinweisen, die auf eine Erkrankung hindeuten könnten, noch bevor sie für menschliche Ärzte erkennbar sind. Dies ermöglicht eine frühzeitige Intervention und Behandlung, was die Chancen auf eine erfolgreiche Genesung und Heilung erhöhen kann.

Darüber hinaus kann KI dazu beitragen, medizinische Forschung und Arzneimittelentwicklung zu beschleunigen. KI-Modelle können große Mengen an wissenschaftlicher Literatur und Forschungsdaten durchforsten, um neue Erkenntnisse zu gewinnen und potenzielle Behandlungsansätze zu identifizieren. Dies kann dazu beitragen, den Entdeckungsprozess für neue Medikamente zu beschleunigen und die Entwicklung innovativer Therapien voranzutreiben.

5. Autonome Systeme und Robotik

In der Industrie haben autonome Systeme bereits erhebliche Auswirkungen gezeigt. Roboter, die mit KI-Algorithmen ausgestattet sind, können in Fabriken und Fertigungsanlagen eingesetzt werden, um repetitive Aufgaben effizienter und präziser zu erledigen. Dies erhöht die Produktionsgeschwindigkeit und -qualität und reduziert gleichzeitig die Kosten. Die Automatisierung von Arbeitsabläufen ermöglicht es Unternehmen, ihre Produktivität zu steigern und wettbewerbsfähiger zu sein.

Im Transportwesen sind autonome Systeme ebenfalls auf dem Vormarsch. Beispielsweise entwickeln Automobilhersteller autonomes Fahren, bei dem KI-gesteuerte Fahrzeuge ohne menschliche Eingriffe auf den Straßen fahren können. Autonome Lieferfahrzeuge und Drohnen bieten auch Möglichkeiten für eine effizientere Logistik und Zustellung von Waren. Die Nutzung autonomer Fahrzeuge kann den Verkehr sicherer machen, den Kraftstoffverbrauch reduzieren und Staus minimieren.

Darüber hinaus eröffnet die Entwicklung intelligenter Robotik völlig neue Möglichkeiten für den Einsatz autonomer Systeme in verschiedenen Bereichen. Roboter mit KI-Fähigkeiten können in der Pflege und Gesundheitsversorgung eingesetzt werden, um älteren Menschen oder Patienten zu assistieren und Unterstützung zu bieten. Intelligente Robotik wird auch in der Landwirtschaft, im Bergbau und in der Exploration von gefährlichen Umgebungen eingesetzt, um Aufgaben zu übernehmen, die für Menschen gefährlich oder unzugänglich sind.

Die Automatisierung von Arbeitsabläufen und die Einführung autonomer Systeme haben jedoch auch soziale und wirtschaftliche Auswirkungen. Während sie die Produktivität steigern und bestimmte Arbeitsbereiche verbessern können, könnten sie auch Arbeitsplätze gefährden, die bisher von Menschen erledigt wurden. Dies stellt die Gesellschaft vor die Herausforderung, sich auf den Wandel vorzubereiten und sicherzustellen, dass die Vorteile von KI und Robotik gerecht verteilt werden.

Die zunehmende Einführung autonomer Systeme erfordert auch eine sorgfältige Auseinandersetzung mit ethischen

Fragen und Sicherheitsaspekten. Die Entwicklung von KI-gesteuerten autonomen Waffen oder der potenzielle Missbrauch von autonomen Systemen sind Beispiele für Herausforderungen, die adressiert werden müssen, um eine verantwortungsvolle Nutzung sicherzustellen.

Insgesamt verdeutlicht die Kombination von KI und Robotik das disruptive Potenzial autonomer Systeme. Die Automatisierung von Arbeitsabläufen und die Entwicklung intelligenter Robotik werden die Art und Weise, wie wir arbeiten und leben, fundamental verändern. Es ist entscheidend, diese Technologie verantwortungsbewusst einzusetzen und die Herausforderungen, die sie mit sich bringt, konstruktiv anzugehen, um ihre Vorteile optimal zu nutzen und die Gesellschaft positiv zu gestalten.

6. Datengesteuerte Entscheidungen

Datengesteuerte Entscheidungen sind ein wesentlicher Aspekt der Künstlichen Intelligenz und ein bedeutender Wandel in der Art und Weise, wie Unternehmen strategische Entscheidungen treffen. KI nutzt komplexe Algorithmen, um große Datenmengen zu analysieren und Erkenntnisse zu gewinnen, die für menschliche Intuition allein oft nicht zugänglich wären. Dies ermöglicht es Unternehmen, auf fundierten Informationen basierende Strategien zu entwickeln und datengesteuerte Entscheidungen zu treffen.

Früher stützten sich viele Entscheidungen auf menschliche Intuition, Erfahrung und Bauchgefühl. Obwohl diese Faktoren nach wie vor wichtig sind, zeigen Studien[12], dass datengesteuerte Entscheidungen häufig zu besseren Ergebnissen führen. Indem sie auf umfangreiche Datenanalysen zurückgreifen, können Unternehmen Muster, Trends und Zusammenhänge erkennen, die sonst möglicherweise unentdeckt geblieben wären. Dies ermöglicht eine tiefere Einsicht in Marktbedingungen, Kundenverhalten, Produktleistung und andere entscheidungsrelevante Faktoren.

Die Fähigkeit von KI-Systemen, große Datenmengen in kurzer Zeit zu analysieren, ermöglicht es Unternehmen, schnell und präzise Erkenntnisse zu gewinnen. Dadurch können sie schneller auf Veränderungen im Markt reagieren und effektive Maßnahmen ergreifen, um ihre Geschäftsstrategien zu optimieren.

Ein bemerkenswertes Beispiel für datengesteuerte Entscheidungen durch KI findet sich im E-Commerce. Unternehmen, die KI-gestützte Analysen einsetzen, um das Verhalten ihrer Kunden zu verstehen, können personalisierte Empfehlungen und maßgeschneiderte Marketingkampagnen entwickeln. Dadurch steigt die Wahrscheinlichkeit, dass Kunden relevante Produkte oder Dienstleistungen finden und kaufen, was die Umsätze und die Kundenzufriedenheit steigert. Die Anpassung und Optimierung der Strategie kann in Echtzeit erfolgen, was wiederum für Wettbewerbsvorteile sorgen kann.

7. Kreativitätsförderung und Innovation

Künstliche Intelligenz hat nicht nur das Potenzial, bestehende Prozesse zu automatisieren und effizienter zu gestalten, sondern kann auch die Kreativität fördern und Innovationen unterstützen und auch massiv beschleunigen. Eine der aufregendsten Möglichkeiten von KI besteht darin, dass sie in der Lage ist, neue Ideen zu generieren, Muster in großen und unstrukturierten Datenmengen zu erkennen und verborgene Zusammenhänge zu entdecken. Dies ermöglicht es Unternehmen und Forschern, innovative Lösungen für komplexe Probleme zu finden und völlig neue Wege zu beschreiten. An späterer Stelle im Buch gehe ich auf die Möglichkeiten der Kreativitätsförderung durch KI im Automobilsektor ein.

Eine der beeindruckendsten Anwendungen von KI im Bereich der Kreativität ist die Generierung von künstlerischen Inhalten. KI-gesteuerte Algorithmen können Gemälde, Musik, Literatur und sogar Videos erstellen, die von menschlichen Werken kaum zu unterscheiden sind. Diese "kreativen" KIs haben das Potenzial, die Grenzen der Kunst zu erweitern und neue künstlerische Ausdrucksformen zu schaffen. Derzeit braucht man noch eine sehr detaillierte Instruktion durch Menschen, um ein zufriedenstellendes Ergebnis zu erhalten. Je mehr Daten die KI jedoch zur Verfügung gestellt bekommt, desto besser werden auch ihre Ergebnisse. Feedback ist für sie elementar.

Darüber hinaus kann KI auch dabei helfen, die Kreativität von Menschen zu fördern. Kreative Prozesse erfordern oft die Fähigkeit, Muster zu erkennen und neue Verbindungen herzustellen. KI kann dabei unterstützen, indem sie große Datenmengen durchsucht und Inspirationen und Ideen liefert. Dies kann besonders in den frühen Phasen der Produktentwicklung oder künstlerischen Schaffensprozessen hilfreich sein, indem es den Menschen neue Impulse und Perspektiven bietet. Im Kapitel über das Mensch-Maschine-Interface gehe ich ausführlicher auf diesen Punkt ein.

Ein weiteres Beispiel für die Innovationsförderung durch KI sind sogenannte "Empfehlungssysteme". Diese Algorithmen analysieren das Verhalten von Nutzern und schlagen ihnen Produkte, Inhalte oder Dienstleistungen vor, die zu ihren individuellen Vorlieben und Bedürfnissen passen. Dadurch können Unternehmen innovative Angebote erstellen und ihre Kundenbindung verbessern.

8. Gesellschaftliche Herausforderungen: KI-Ethik

Auch die zahlreichen ethischen Herausforderungen im Zusammenhang mit KI-Technologien und ihren Implikationen deutet darauf hin, dass es sich nicht lediglich um eine Modeerscheinung handelt, sondern um einen fundierten Wandel unserer gesamten Gesellschaft.

Die rasante Entwicklung von Künstlicher Intelligenz bringt zweifellos zahlreiche Vorteile und Chancen mit sich, birgt aber auch gesellschaftliche Herausforderungen, die nicht vernachlässigt werden dürfen. Diese Herausforderungen verdeutlichen, dass KI keine vorübergehende Modeerscheinung ist, sondern eine tiefgreifende Disruption, die vielschichtige Konsequenzen mit sich bringt.

Ein zentraler Aspekt ist der ethische Einsatz von KI. KI-Systeme treffen Entscheidungen auf Grundlage von Algorithmen und Daten, die von Menschen entwickelt wurden. Es ist wichtig sicherzustellen, dass diese Entscheidungen ethischen Grundsätzen entsprechen und nicht zu diskriminierenden, unfairen oder unverhältnismäßigen Ergebnissen führen. Beispielsweise könnten KI-Algorithmen Vorurteile und Stereotypen in den Daten übernehmen und somit in Diskriminierung und Ungleichbehandlung resultieren. Daher müssen ethische Richtlinien und Standards für den Einsatz von KI entwickelt werden, um sicherzustellen, dass sie im Einklang mit unseren gesellschaftlichen Werten und Normen agiert.

Ein weiterer Punkt ist der Schutz der Privatsphäre. KI-Systeme erfordern eine enorme Menge an Daten, um effektiv zu arbeiten und Erkenntnisse zu gewinnen. Dies führt zu Bedenken bezüglich der Datensicherheit und des Datenschutzes. Unternehmen und Organisationen, die KI nutzen, müssen sicherstellen, dass die persönlichen Daten der Nutzer angemessen geschützt und nicht missbräuchlich verwendet werden. Die zunehmende Sammlung und Analyse von Daten stellen eine Herausforderung dar, die sorgfältige Maßnahmen zur Sicherung der Privatsphäre erfordert.

Darüber hinaus könnten die sozioökonomischen Konsequenzen von KI erheblich sein. Die Automatisierung von Arbeitsabläufen und die Einführung autonomer Systeme könnten zu

Arbeitsplatzverlusten führen und bestimmte Berufsfelder gefährden. Dies könnte zu sozialen Ungleichheiten und Herausforderungen auf dem Arbeitsmarkt führen. Genau aus diesem Grund habe ich auch dieses Buch verfasst. Ein Arbeitsplatzverlust hört sich im ersten Moment alles andere als optimistisch an, doch wer sagt, dass der nächste Arbeitsplatz nicht besser ist?

Es ist wichtig, Strategien zu entwickeln, um die Auswirkungen auf die Arbeitswelt zu bewältigen und die Gesellschaft auf den Wandel vorzubereiten. Dies könnte beispielsweise die Förderung lebenslangen Lernens und die Schaffung neuer Arbeitsmöglichkeiten in den aufstrebenden Bereichen von KI und Technologie beinhalten. Davon sind wir, zumindest in Europa, noch ein ganzes Stück entfernt, weil viele Pädagogen den Einsatz von KI als Bedrohung für die Entwicklung von Schülern sehen. Diese negative Einstellung muss sich definitiv verändern und KI in sinnvolle Lernkonzepte integriert werden.

Um diesen gesellschaftlichen Herausforderungen zu begegnen, ist eine enge Zusammenarbeit zwischen Regierungen, Unternehmen, Forschungseinrichtungen und der Zivilgesellschaft erforderlich. Es müssen klare rechtliche Rahmenbedingungen geschaffen werden, die den ethischen Einsatz von KI gewährleisten und den Datenschutz und die Privatsphäre der Bürger schützen. Gleichzeitig müssen Maßnahmen ergriffen werden, um sicherzustellen, dass die sozioökonomischen Auswirkungen von KI fair und gerecht bewältigt werden.

9. Investitionen und Unterstützung von Regierungen

Die Bedeutung von Künstlicher Intelligenz als treibende Kraft für Innovation, wirtschaftliches Wachstum und gesellschaftliche Entwicklung hat in den letzten Jahren weltweit stark zugenommen. Regierungen auf der ganzen Welt haben erkannt, dass KI eine transformative und disruptive Technologie ist, die das Potenzial hat, zahlreiche Bereiche zu revolutionieren und das Leben von Menschen zu verbessern. Aus diesem Grund investieren sie verstärkt in Forschung und Entwicklung, um die Anwendung von KI zu fördern und ihr langfristiges Engagement für diese Technologie zu demonstrieren.

Eine der Hauptursachen für das wachsende Interesse der Regierungen an KI liegt in den vielfältigen Vorteilen, die sie bieten kann. KI hat das Potenzial, die Wettbewerbsfähigkeit einer ganzen Nation zu stärken, indem sie Innovationen und wirtschaftliche Diversifizierung fördert. Die Entwicklung und Anwendung von KI-gesteuerten Technologien kann zu neuen Geschäftsmöglichkeiten führen, Arbeitsplätze schaffen und den Handel ankurbeln. Also ist die Wettbewerbsfähigkeit nicht nur für Unternehmen oder Konzerne wichtig, sondern auch für ganze Länder, Regionen oder Wirtschaftsbünde wie die EU.

Viele Regierungen sehen in der KI ein mächtiges Instrument, um komplexe Probleme wie den Klimawandel, die Gesundheitsversorgung und die Verkehrsplanung anzugehen. KI kann dazu beitragen, effizientere Ressourcennutzung zu ermöglichen, präzisere medizinische Diagnosen zu stellen und intelligente Verkehrssysteme zu entwickeln.

Darüber hinaus erkennen Regierungen die strategische Bedeutung von KI im Bereich der nationalen Sicherheit. KI-gesteuerte Technologien spielen eine immer wichtigere Rolle in der Verteidigung und Geheimdienstarbeit. Durch Investitionen in KI-Technologien tragen Regierungen dazu bei, eine umfassende KI-Infrastruktur aufzubauen, Talente zu fördern und die Wettbewerbsfähigkeit der eigenen Wirtschaft zu steigern.

10. Vision einer allgemeinen KI

Die Vision einer allgemeinen Künstlichen Intelligenz fasziniert und begeistert Forscher und Technologieenthusiasten gleichermaßen. Eine allgemeine KI, auch als "starke KI" oder "vollständige KI" bezeichnet, ist ein KI-System, das in der Lage ist, menschenähnliche kognitive Fähigkeiten aufzuweisen und eine umfassende Problemlösungskompetenz auf verschiedenen Gebieten zu demonstrieren. Anders als die heutigen spezialisierten KI-Systeme, die für bestimmte Aufgaben optimiert sind, wäre eine allgemeine KI in der Lage, ein breites Spektrum an Herausforderungen zu bewältigen und eigenständig neue Probleme zu lösen.

Obwohl wir derzeit noch weit von einer solchen allgemeinen KI entfernt sind, ist das Streben nach ihr von großer Bedeutung. Es verdeutlicht, dass KI nicht nur als Werkzeug zur Automatisierung bestimmter Aufgaben betrachtet wird.

Die Gefahr besteht darin, sich einzig und allein auf die neue Technologie zu verlassen und das Implementieren von Rahmenbedingungen zu vernachlässigen.

Abschließend bleibt festzuhalten, dass es eine Menge fundierter Argumente gibt, weshalb KI-Anwendungen kein bald nachlassender Trend sind, sondern das Zeug dazu haben, gesellschaftliche, wirtschaftliche und wissenschaftliche Veränderungen herbeizuführen, deren Auswirkungen wir noch nicht einmal im Ansatz verstehen können.

Die wichtigsten Anwendungen der KI - Überblick

Vorab kann gesagt werden, dass es fast keinen undenkbaren Bereich gibt, in dem KI-Technologie nicht eingesetzt werden und zu besseren Ergebnissen führen kann. Der Phantasie sind kaum Grenzen gesetzt und natürlich wissen wir nicht, wie sich die Zukunft entwickeln wird. Wahrscheinlich sind die angesprochenen Punkte in einem Jahr schon wieder überholt. Das liegt in der Natur der Sache. Aber als unverbesserlicher Optimist sage ich ganz klar: Es kann noch schneller und noch besser gehen, als ich es 2023 prognostiziere.

Hier also 100 Bereiche, die durch KI disruptiert und optimiert werden könnten. Diese Liste kann beliebig erweitert werden und ist keinesfalls als vollständig zu betrachten; sie soll lediglich einen kleinen Überblick über das Potenzial geben, das mit dieser Disruption durch KI einhergeht:

1. **Gesundheitswesen:** Diagnose, personalisierte Medizin, Behandlungsplanung.
2. **Autonomes Fahren:** Selbstfahrende Fahrzeuge und Verkehrssicherheit.
3. **Bilderkennung und Videounterstützung.**
4. **Virtuelle Assistenten:** Siri, Alexa, Google Assistant.
5. **Sprachübersetzung:** Fehlerfreie Echtzeit-Übersetzungen.
6. **Kundenbetreuung:** KI-basierte Chatbots.
7. **E-Commerce:** Personalisierte Produktempfehlungen, Lieferkettenoptimierung.
8. **Landwirtschaft:** Präzisionslandwirtschaft, autonome Maschinen.
9. **Finanzwesen:** Automatisierter Handel, Betrugsprävention.

10. **Bildung:** Personalisiertes Lernen, automatisierte Bewertung und Individualisierung der Inhalte.
11. **Umweltschutz:** Überwachung, Biodiversitätsschutz.
12. **Fertigung:** Robotik, Automatisierung.
13. **Gesichtserkennung:** Sicherheit, Überwachung.
14. **Musik und Kunst:** KI-generierte Inhalte.
15. **Personalwesen:** Recruiting, Mitarbeiterbewertung.
16. **Sport:** Leistungsanalyse, Taktikoptimierung.
17. **Tourismus:** Personalisierte Reiseempfehlungen, Buchungsmanagement.
18. **Medien und Unterhaltung:** Personalisierte Inhalte, automatisierte Content-Erstellung.
19. **Stadtplanung:** Nachhaltige Stadtentwicklung, Verkehrsplanung - was wiederum in eine Verbesserung des Umweltschutzes mündet.
20. **Cybersicherheit:** Erkennung von Cyberangriffen, Schutz digitaler Infrastrukturen.
21. **Sprachgenerierung:** KI-gesteuerte Texterstellung.
22. **Soziale Medien:** Trenderkennung, Erstellung personalisierter Inhalte.
23. **Wettervorhersagen:** Genauere Prognosen durch Datenanalyse.
24. **Personalisierte Medizin:** Maßgeschneiderte Behandlungspläne.
25. **Robotik in der Pflege:** Unterstützung älterer Menschen und Pflegebedürftiger.
26. **Lieferdienste:** KI-optimierte Routenplanung, Lieferungen durch Drohnen.
27. **Sportanalyse:** Verbesserung der Athletenleistung.
28. **Personalisierte Werbung:** Gezielte Werbeanzeigen basierend auf Nutzerverhalten.

29. **Energiesektor:** Energieoptimierung, Steuerung von Smart Grids.
30. **Spracherkennung für Barrierefreiheit:** Kommunikation für Gehörlose und Schwerhörige.
31. **Bildungsforschung:** Analyse von Schülerdaten, Verbesserung des Bildungssystems.
32. **Maschinelles Lernen in der Industrie:** Mustererkennung, frühzeitige Defekterkennung.
33. **Klimamodellierung:** Analyse von Klimadaten, Vorhersage von Klimaveränderungen.
34. **Steuerwesen:** Vereinfachte und beschleunigte Steuererklärung und -prüfung.
35. **Musikkomposition:** KI-gesteuerte Musikproduktion.
36. **Kriminalitätsbekämpfung:** Analyse von Sicherheitskameradaten, Verdächtigenerkennung.
37. **Diätplanung:** Individuelle Ernährungspläne basierend auf Gesundheitsdaten.
38. **Smart Homes:** Automatisierung von Haushaltsgeräten und folglich Optimierung des Ressourcenverbrauchs.
39. **Marktforschung:** Analyse von Marktdaten, Kundenverhalten.
40. **Astrophysik:** Analyse von astronomischen Daten, Entdeckung neuer Himmelskörper.
41. **Medikamentenentwicklung:** Beschleunigung der Arzneimittelentwicklung.
42. **Diagnostik von Krankheiten:** Früherkennung von Krankheiten anhand von Bild- und Labordaten.
43. **Datenschutz:** Sichere Verschlüsselung, Privatsphärenschutz.
44. **Kreativität und Kunst:** KI-gesteuerte interaktive Kunst und Designs.

45. **Robotergesteuerte Chirurgie:** Präzisere und minimale Operationen.
46. **Versicherungswesen:** Analyse von Versicherungsdaten, flexible Tarife angepasst an die eigenen Lebensumstände.
47. **Krisenmanagement:** Effektive Bewältigung von Naturkatastrophen und Notfällen.
48. **Raumfahrt:** Steuerung von Raumfahrzeugen, Analyse von Weltraumdaten.
49. **Personalisierte Mode:** Maßgeschneiderte Kleidung, Stilberatung.
50. **Autismus-Diagnose:** Früherkennung von Autismus anhand von Verhaltensmerkmalen.
51. **Künstlerische Kreationen:** KI-generierte Gedichte, Romane, Drehbücher.
52. **Sprachanalyse in der Psychologie:** Erkennung von Sprachmustern zur Diagnose von psychischen Erkrankungen.
53. **Automatisierte Landwirtschaft:** Pflanzenüberwachung, autonome Ernte.
54. **Rechtsberatung:** KI-gesteuerte Chatbots bieten rechtliche Unterstützung.
55. **Wasserressourcenmanagement:** Überwachung von Wasservorkommen, Wasserqualitätsanalyse.
56. **Spracherkennung für Barrierefreiheit:** Kommunikation für Gehörlose und Schwerhörige.
57. **Archäologie:** Entdeckung und Analyse von historischen Stätten und Artefakten.
58. **Ernährungsberatung:** Personalisierte Ernährungsberatung, ausgewogene Mahlzeitenpläne.
59. **Intelligente Medikamentenausgabe:** Optimierung der Dosierung und Ausgabe von Medikamenten.

60. **Zeitschriften- und Buchveröffentlichung:** Automatisierte Erstellung und Redaktion von Publikationen.
61. **Suchmaschinenoptimierung:** Einfluss von KI auf Suchergebnisse und Platzierung von Websites.
62. **Diagnose von Augenerkrankungen:** Früherkennung von Augenkrankheiten anhand von Augenbildern.
63. **Personalisierte Fitness:** Maßgeschneiderte Trainingspläne, sportliche Fortschritte.
64. **Werbung und Marketing:** Automatisierte Analyse von Nutzerverhalten, gezielte Marketingkampagnen.
65. **Digitale Assistenten für Senioren:** Unterstützung älterer Menschen im Alltag.
66. **Psychologie und Psychotherapie:** KI-basierte Chatbots bieten Unterstützung bei psychischen Problemen.
67. **Indoor-Navigation:** Navigation in Gebäuden und Einkaufszentren.
68. **Antizipative Wartung:** KI-gesteuerte Systeme erkennen bevorstehende Maschinenausfälle.
69. **Optimierung von Versorgungsnetzen:** KI hilft bei der effizienten Planung und Steuerung von Strom-, Gas- und Wassernetzen.
70. **Personalisierte Reha-Maßnahmen:** KI-basierte Systeme erstellen maßgeschneiderte Rehabilitationsstrategien.
71. **Personalisierte Werbung in Geschäften:** KI ermöglicht die Anzeige von Produktempfehlungen und Rabatten.
72. **Übersetzung historischer Texte:** KI unterstützt bei der Übersetzung alter Schriften und Dokumente.
73. **Emotionale Gesichtserkennung:** KI kann Emotionen in Gesichtern erkennen.

74. **Erkennung von Naturkatastrophen:** KI-gesteuerte Sensoren erkennen Erdbeben und andere Naturkatastrophen frühzeitig.

75. **Smarte Energieeffizienz:** KI-gesteuerte Geräte optimieren den Energieverbrauch.

76. **Nachhaltige Verpackungen:** KI unterstützt bei der Entwicklung umweltfreundlicher Verpackungen.

77. **Gesichtsfilter und AR-Anwendungen:** KI-basierte Filter und Augmented-Reality-Anwendungen.

78. **Personalisierte Hotelangebote:** KI-gestützte Buchungsplattformen bieten maßgeschneiderte Hoteloptionen.

79. **Medienanalyse:** KI unterstützt bei der Analyse von Nachrichten und Social-Media-Inhalten.

80. **Personalisierte Bildungsmaterialien:** KI generiert maßgeschneiderte Lerninhalte für Schüler.

81. **Online-Sicherheit:** KI-basierte Systeme schützen vor Online-Bedrohungen und Cyberangriffen.

82. **Schutz gefährdeter Arten:** KI-gesteuerte Überwachung unterstützt den Artenschutz.

83. **Humanitäre Hilfe:** KI erleichtert die effiziente Verteilung von Hilfsgütern in Katastrophengebieten.

84. **Personalisierte Trainingsgeräte:** KI optimiert Fitnessgeräte für individuelle Bedürfnisse.

85. **Erkennung von Wildtieren:** KI gesteuerte Kameras erkennen und verfolgen Wildtiere in freier Wildbahn.

86. **Personalisierte Raumtemperatur:** KI-gesteuerte Heiz- und Kühlsysteme passen sich den individuellen Vorlieben an.

87. **Texterkennung und -übersetzung:** KI ermöglicht das Scannen, Erkennen und Übersetzen von Texten.

88. **Produktionsplanung:** KI optimiert den Produktionsablauf und die Lagerbestände.
89. **Interaktive Lernplattformen:** KI-basierte Plattformen bieten personalisierte Lernerfahrungen.
90. **Personalisierte Kosmetik:** KI-gesteuerte Analyse bietet individuelle Hautpflege- und Make-up-Produkte.
91. **Sicherheit im Einzelhandel:** KI-gestützte Systeme erkennen Ladendiebstähle und Betrügereien.
92. **Natur- und Landschaftsfotografie:** KI optimiert Bildaufnahmen und -bearbeitungen.
93. **Maschinelles Übersetzen in der Literatur:** KI-gesteuerte Systeme ermöglichen das Übersetzen von literarischen Werken in verschiedene Sprachen.
94. **Personalisierte Flugangebote:** KI analysiert Flugdaten und bietet individuelle Reiseoptionen.
95. **Sprachgesteuerte Haushaltsgeräte:** KI ermöglicht die Steuerung von Geräten per Sprachbefehl.
96. **Personalisierte Dating-Apps:** KI gesteuerte Matching-Algorithmen bieten passende Partnerempfehlungen.
97. **KI-Trading und Vermögensverwaltung:** Die KI wird zum Vermögensverwalter, der rund um die Uhr die Märkte scannt und das Maximum aus dem vorhandenen Vermögen macht.
98. **Smarte Mülltrennung:** KI-gesteuerte Systeme unterstützen die Mülltrennung und das Recycling.
99. **Personalisierte Buchvorschläge:** KI analysiert Lesegewohnheiten und bietet passende Buchempfehlungen.
100. **Virtuelle Kunstausstellungen:** KI ermöglicht virtuelle Kunstführungen und Ausstellungen.

Man könnte diese Liste natürlich endlos fortsetzen und in weitere Teilbereiche untergliedern. Ich denke aber, dass diese 100 Anwendungsbereiche einen guten Überblick geben, was KI für das eigene Leben und die eigene Berufsausübung bedeuten kann.

Grob zusammengefasst wird KI folgende Mechanismen in Gang setzen:

Sie wird dafür sorgen, dass Prozesse und Ergebnisse effizienter, ressourcenschonender und schneller gestaltet und erreicht werden können. Dies alles wird dazu beitragen, dass das Leben von Menschen bequemer und effizienter wird. Die Frage, wie sich das auf den Arbeitsmarkt, die Wirtschaft und auf die Börsen auswirken wird, sei an dieser Stelle bewusst offengelassen und wird an späterer Stelle beleuchtet.

Geschichte des Mensch-Maschine-Interface

Die Geschichte des Mensch-Maschine-Interface reicht weiter zurück, als viele Leser glauben, nämlich bis zu dem Beginn der Menschheitsgeschichte. Schon in den frühesten Zeiten der Menschheit suchten die Menschen nach Möglichkeiten, mit Maschinen und Werkzeugen zu interagieren, damit ihre täglichen Aufgaben erleichtert werden. Die Auseinandersetzung mit Pfeil und Bogen, das Herstellen von Schnittwerkzeugen, das Erfinden des Rads - all das sind Produkte der Auseinandersetzung mit der Umwelt, die heute in der Entwicklung der KI zu gipfeln scheint.

Im Laufe der Zeit entwickelten sich die Werkzeuge weiter, und in der Antike entstanden Mechanismen wie die Wasserräder oder Mühlen, die die Energie von Flüssen nutzten, um Arbeit zu verrichten. Diese mechanischen Vorrichtungen waren Vorläufer der modernen Maschinen und legten den Grundstein für die industrielle Revolution.

Wenn wir an die verschiedenen "Werkzeuge" und "Hilfsmittel" denken, dann ist klar, dass die Entwicklung der Mensch-Maschine-Interaktion ein evolutionärer Prozess war, der sich über Jahrtausende erstreckte und von einfachen mechanischen Vorrichtungen bis hin zu hochentwickelten digitalen Benutzerschnittstellen reicht, wie wir sie heute kennen.

Entwicklung der Benutzerschnittstellen im Laufe der Zeit

Mit dem Fortschritt der Zivilisation und der wachsenden Komplexität von Maschinen wurde es notwendig, neue Methoden der Interaktion zu entwickeln. Im 19. Jahrhundert begann die Ära der mechanischen Steuerungssysteme. Maschinen wurden mit Hebeln, Schaltern und Knöpfen ausgestattet, um ihre Funktionen zu steuern und zu überwachen. Dies ermöglichte den Menschen eine direktere Kontrolle über die Maschinen, war jedoch oft kompliziert und erforderte spezielles Training.

Die Entwicklungen im 19. Jahrhundert legten den Grundstein für die moderne Interaktion zwischen Mensch und Maschine, wie wir sie heute kennen. Mechanische Steuerungssysteme wurden in verschiedensten Industrien eingesetzt, darunter die Textilindustrie, die Landwirtschaft, die Produktion und die Eisenbahn. Diese Mechanismen ermöglichten es, Maschinen präzise und effizient zu betreiben, was zu einer erhöhten Produktivität und Effizienz führte. Menschliche Arbeit war zwar noch nötig, doch körperlich schwierige Arbeit konzentrierte sich im Bereich der Landwirtschaft.

Ein bedeutendes Beispiel für die frühe Entwicklung der Benutzerschnittstellen ist die Dampfmaschine von James Watt. Watts Dampfmaschine wurde im 18. Jahrhundert weiterentwickelt und war eine der wichtigsten Erfindungen der industriellen Revolution. Sie wurde mit einem Hebel ausgestattet, um die Bewegung der Maschine zu kontrollieren und so die Kraft des Dampfs zu regulieren. Durch den Einsatz des Hebels konnten die Bediener die Leistung der Maschine an die jeweiligen Anforderungen anpassen. Auf diese Weise konnte die Produktivität weiter dramatisch erhöht und Arbeitsschritte maßgeblich verkürzt werden.

Das Zeitalter der Elektronik

Mit der Entwicklung der Elektronik im 20. Jahrhundert wurde es erstmals möglich, elektrische und elektronische Komponenten in Maschinen zu integrieren. Diese technologischen Fortschritte führten zu einer völlig neuen Ära der Mensch-Maschine-Interaktion und stellt die Basis für unsere heutigen Interaktionen dar. Die Einführung von Tastaturen und Textanzeigen ermöglichte eine einfachere und präzisere Interaktion mit Computern und anderen elektronischen Geräten.

Der Übergang von mechanischen zu elektronischen Benutzerschnittstellen begann in den 1940er und 1950er Jahren. Zu dieser Zeit wurden die ersten elektronischen Computer entwickelt, die Tastaturen und Lochkarten verwendeten, um Informationen einzugeben und Programme auszuführen. Die Bedienung dieser Computer erforderte jedoch spezielle Schulungen und war nur wenigen Experten vorbehalten. Der erste Computer erblickte 1941 in Berlin das Licht der Welt[14]. 64 Wörter Speichervolumen bei der Ausdehnung eines Wandschranks machten den "Z3", der von Konrad Zuse entwickelt wurde, nicht besonders attraktiv für die Öffentlichkeit und dennoch stellte er einen Meilenstein der Technik dar.

In den 1960er und 1970er Jahren erlebte die Entwicklung der Benutzerschnittstellen eine bedeutende Weiterentwicklung. Der Xerox Alto, der als erster Personal Computer mit grafischer Benutzeroberfläche gilt, wurde 1973 entwickelt[15]. Er führte den Mauszeiger, Icons und Fenster ein, die die Interaktion mit dem Computer wesentlich einfacher und intuitiver machten. Obwohl der Xerox Alto nicht kommerziell erfolgreich war - er verkaufte sich knapp 2000 Mal bei einem Preis von über 30.000 Dollar, legte er den Grundstein für die Entwicklung moderner Benutzeroberflächen.

Einer der bahnbrechendsten Meilensteine in der Geschichte der Benutzerschnittstellen war zweifellos die Einführung des Apple Macintosh im Jahr 1984[16]. Der Macintosh war der erste kommerziell erfolgreiche Computer mit einer grafischen Benutzeroberfläche und einer Maus. Die grafische Benutzeroberfläche mit Icons und Fenstern machte die Bedienung des Computers deutlich intuitiver und erleichterte die Arbeit mit dem Computer für jeden Nutzer. Der Macintosh trug maßgeblich dazu bei, dass Computer für den Massenmarkt zugänglich wurden und beeinflusste die Gestaltung von Benutzeroberflächen nachhaltig. Der Preis lag bei 2500 Dollar und der Computer sah heutigen Computern gar nicht mal unähnlich.

Das Internet betritt die Weltbühne

Mit dem Aufkommen des Internets und der World Wide Web-Technologie in den 1990er Jahren wurden Benutzeroberflächen für das Internet entwickelt, um den Zugriff auf Informationen und Dienste im Netz zu vereinfachen. Web-Browser wurden zu einem wichtigen Werkzeug für die Interaktion mit

digitalen Inhalten, und die Entwicklung von Hyperlinks ermöglichte es den Nutzern, schnell und einfach zwischen verschiedenen Webseiten zu navigieren.

Im Laufe der Zeit entwickelten sich die Benutzeroberflächen
weiter und wurden immer vielfältiger und interaktiver. Die
Einführung von Touchscreens in den 2000er Jahren war ein
weiterer bedeutender Schritt in der Entwicklung der Benutzerschnittstellen. Mit Touchscreens konnten Nutzer direkt auf
den Bildschirm tippen, um Befehle auszuführen, Inhalte zu
scrollen und Funktionen zu steuern, was die Interaktion mit
digitalen Geräten noch intuitiver machte. Heutige Smartphones profitieren von diesen Vorläufern. Die Geschichte des
Smartphones wird auf das Jahr 1992 datiert[17]. Es stammt aus
dem Haus IBM und hörte auf den Namen "Simon", welches
bereits einen Touchscreen integriert hatte. E-Mail und Fax-
Empfang war mit diesem Gerät bereits ebenfalls möglich.

Wo geht die Reise hin?

Heute setzen wir zunehmend auf Sprachsteuerung und KI-
gestützte Assistenten, die es ermöglichen, mit unseren Geräten
auf natürliche Weise zu kommunizieren. Sprachassistenten
wie Siri, Alexa und Google Assistant reagieren auf Sprachbe-
fehle und können Fragen beantworten, Termine verwalten
und viele andere Aufgaben ausführen. Diese Entwicklung ermöglicht eine noch intuitivere und bequemere Interaktion mit
Technologie.

Die Auseinandersetzung mit Chat GPT funktioniert bereits anders als die Suche über Google. Dies wird erheblichen Einfluss

auf die Strukturierung unseres Wissens haben, denn KI-Programme durchsuchen ebenfalls das Internet nach relevanten Inhalten und saugen sich die Antworten nicht aus den eigenen digitalen Fingern.

Durch die kontinuierliche Verbesserung und Innovation der Benutzeroberflächen werden Geräte und Technologien immer benutzerfreundlicher und erleichtern uns das Leben in vielerlei Hinsicht. Die Geschichte der Benutzerschnittstellen zeigt, dass die Zukunft noch viele spannende Entwicklungen bereithält und wir gespannt sein können, wie sich die Interaktion zwischen Mensch und Maschine weiterentwickeln wird. Fest steht, dass wir erst ganz am Anfang dieser Entwicklung stehen und deren Auswirkung auf die Art und Weise, wie wir mit der Welt interagieren, noch nicht einmal im Ansatz abschätzen können.

Die Zukunft: Gestensteuerung und Bewegungserkennung

Gestensteuerung und Bewegungserkennung ermöglichen es Nutzern, mit Geräten und Anwendungen durch Handbewegungen zu interagieren. Kameras und Sensoren erkennen die Bewegungen und übersetzen sie in Befehle oder Aktionen, und zwar in Echtzeit, sodass es zu keinerlei Verzögerungen kommt. Diese Technologie wird in Videospielen, Virtual-Reality-Anwendungen und auch in der Medizin eingesetzt, wo sie eine berührungslose Steuerung von Geräten ermöglicht.

Gestensteuerung eröffnet neue Möglichkeiten für immersive und interaktive Erfahrungen und stellt eine spannende Entwicklung im Bereich der Mensch-Maschine-Interaktion dar. Durch einfache Handbewegungen können Nutzer virtuelle Objekte manipulieren, Menüs durchblättern oder in Videospielen Aktionen ausführen.

Die Anwendungsmöglichkeiten von Gestensteuerung sind vielfältig und beeindruckend. In der Gaming-Industrie hat diese Technologie eine ganz neue Dimension geschaffen, indem sie Spieler in die virtuelle Welt eintauchen lässt und ihnen ein immersives Spielerlebnis bietet. Statt eine Tastatur oder Controller zu verwenden, können Spieler durch einfache Handbewegungen ihre Charaktere steuern und Aktionen ausführen. Dies wird das Spielerlebnis noch fesselnder machen und eine völlig neue Art des Spielens ermöglichen.

Auch in der Virtual-Reality-Technologie hat die Gestensteuerung einen bahnbrechenden Einfluss. Hier können Nutzer dank Kameras und Sensoren ihre Handbewegungen in der virtuellen Welt sehen und erleben, was zu einer noch tieferen Immersion führt. In virtuellen Umgebungen können Benutzer Objekte greifen, manipulieren und mit der Umgebung interagieren, als wären sie physisch anwesend.

Darüber hinaus hat die Gestensteuerung auch in der Medizin große Bedeutung erlangt. In chirurgischen Simulationen und Trainingsszenarien ermöglicht diese Technologie angehenden Ärzten, komplexe Eingriffe und Handlungen berührungslos zu üben. Dies fördert die präzise Ausbildung und kann dazu beitragen, die Patientensicherheit zu verbessern. Auch in der Rehabilitation findet die Gestensteuerung Anwendung, indem sie Patienten ermöglicht, Therapieübungen durchzuführen und ihren Fortschritt zu verfolgen, ohne physische Geräte zu berühren. Dies ist nur ein Einsatzbereich, der zeigt, dass das Mensch-Maschine-Interface die Fähigkeiten des Menschen steigert.

Trotz aller Fortschritte gibt es noch Herausforderungen bei der Gestensteuerung. Die Erkennung von Handbewegungen erfordert eine präzise Technologie, um feine Gesten und komplexe Aktionen zuverlässig zu erkennen. Auch die Benutzerakzeptanz und das Erlernen neuer Interaktionsmuster sind wichtige Aspekte, die berücksichtigt werden müssen, um die Gestensteuerung weiter zu verbessern.

Die Möglichkeit, mit Technologie durch natürliche Handbewegungen zu interagieren, eröffnet eine Welt voller neuer Möglichkeiten und Anwendungsgebiete. Ob in Videospielen, der Virtual Reality, der Medizin oder anderen Bereichen - Gestensteuerung hat das Potenzial, unser tägliches Leben zu bereichern und die Interaktion zwischen Mensch und Maschine auf ein neues Niveau zu heben.

Virtual Reality (VR) und Augmented Reality (AR) Interfaces

Augmented Reality (AR) ist eine Technologie, bei der digitale Inhalte in die reale Welt eingeblendet werden. Dies geschieht in Echtzeit und ermöglicht es dem Benutzer, digitale Objekte, Informationen oder Animationen in seiner Umgebung zu sehen, als wären sie physisch vorhanden. Virtual Reality (VR) hingegen ist eine immersive Technologie, bei der der Benutzer vollständig in eine künstliche, virtuelle Umgebung eintaucht. Mit Hilfe von VR-Brillen und Controllern kann der Benutzer in dieser simulierten Welt agieren und interagieren, als wäre er tatsächlich physisch vor Ort. Vor allem die Gaming-Industrie hat hier bereits große Fortschritte erzielt.

Virtual Reality (VR) und Augmented Reality (AR) Interfaces bieten ein komplett neues Erlebnis der Mensch-Maschine-Interaktion. In der VR tauchen Benutzer in eine virtuelle Umgebung ein und können mit ihr interagieren, als wären sie physisch anwesend.

AR hingegen erweitert die reale Welt um digitale Inhalte und Informationen, die über das Sichtfeld des Benutzers gelegt werden. AR-Anwendungen finden Anwendung in Bereichen wie Bildung, Navigation, Marketing und Unterhaltung. VR und AR Interfaces eröffnen faszinierende Möglichkeiten für immersive und interaktive Erfahrungen und haben das Potenzial, zahlreiche Branchen zu revolutionieren.

Gepaart mit künstlicher Intelligenz sind dem kreativen Einsatz der Technologien keine Grenzen gesetzt. Vielleicht sehen Sie sich bald einem Schachgroßmeister gegenüber oder an einem Verhandlungstisch gemeinsam mit Elon Musk.

Haptische Rückmeldungen und taktile Interfaces

Haptische Rückmeldungen und taktile Interfaces ergänzen die traditionellen visuellen und auditiven Interaktionen, indem sie dem Benutzer eine taktile Erfahrung bieten. Durch haptische Technologien können Geräte oder Anwendungen physische Rückmeldungen in Form von Vibrationen, Berührungen oder Widerstand geben. Dies verbessert die Immersion und Realitätsnähe von VR- und AR-Erlebnissen und ermöglicht es den Benutzern, eine bessere Kontrolle und Rückmeldung zu erhalten. Haptische Rückmeldungen finden auch in Anwendungen wie Videospielen, medizinischen Simulationen und Fernsteuerungen Anwendung. Wie dies in der Realität aussehen kann, veranschaulicht der Film "Ready Player One" von Steven Spielberg sehr eindrucksvoll.

Die Bedeutung haptischer Rückmeldungen und taktiler Interfaces in der Mensch-Maschine-Interaktion wächst stetig. Die haptische Technologie eröffnet eine neue Dimension der Interaktion, indem sie den Benutzern das Gefühl gibt, direkt mit der digitalen Welt zu interagieren.

Darüber hinaus können taktile Interfaces auch in der Fernsteuerung und Robotik eingesetzt werden. Ferngesteuerte Fahrzeuge oder Roboter können mit haptischen Rückmeldungen ausgestattet werden, um den Benutzern eine bessere Kontrolle über die Geräte zu ermöglichen und ihnen ein Gefühl dafür zu geben, was sich in der Ferne abspielt.

Kreativität und das Mensch-Maschine-Interface im Auto-Design

Um auch konkrete Beispiele anzugeben, eignet sich ein Bereich, der auf Design, Ästhetik und Praktikabilität besonders wert legt - die Autoindustrie. Hier hat sich bei der Implementierung neuer KI-Tools besonders viel getan.

Die Autoindustrie ist ein dynamischer Sektor, der sich ständig weiterentwickelt und danach trachtet, Innovationen voranzutreiben oder zumindest vorzugeben, diese voranzutreiben, wie ich in meinem vorherigen Buch "Disrupt or be disrupted" bereits ausführlich beschrieben habe.

Um Kunden von einem neuen Gefährt zu überzeugen, müssen die Designs der Autos überzeugen. Je besser das Design funktioniert, desto bessere Verkaufszahlen können generiert werden. In diesem Umfeld spielt Kreativität daher eine zentrale Rolle bei der Gestaltung von Fahrzeugen, die nicht nur funktional und sicher sind, sondern auch das Interesse der Verbraucher wecken und eine emotionale Bindung zu den Automobilen schaffen. Das Zusammenspiel von Kreativität und dem Mensch-Maschine-Interface hat das Auto-Design auf vielfältige Weise bereichert.

Automobilkonzerne wie BMW[18] verheimlichen die Beteiligung der KI an ihren Designs keinesfalls, sondern im Gegenteil - sie nutzen diese Technologie für das eigene Marketing. Auf ihrer Page schreiben sie: "Die Kreativität gilt als eine der letzten Bastionen des menschlichen Gehirns. Doch nun erobert künstliche Intelligenz auch die Welt von Kunst und Design." Dadurch werden vor allem technologieoffene Menschen unter ihren Kunden angesprochen. Weiters schreiben sie: "Das menschliche Gehirn ist also nicht länger der einzige Ort, an dem schöpferische Prozesse ablaufen. Fraglich bleibt, ob man diese digitale Kunst schon als Kreativität bezeichnen kann. Es wäre jedoch ein Fehler, das künftige Potenzial von KI mit dem zu verwechseln, was sie heute schon beherrscht. Nur weil digital komponierte Musik noch seelenlos klingt, heißt das nicht, dass dies in zehn Jahren noch genauso sein muss". Und genau hier müssen Designer den KI-Erzeugnissen "Leben einhauchen"

Wie KI den Kreativitätsprozess der Konstrukteure beeinflusst

Die fortschreitende Technologie hat den Designprozess in der Automobilbranche revolutioniert. Früher waren Autodesigner auf zeitaufwändige manuelle Zeichnungen und physische Modelle angewiesen, um ihre Ideen zu visualisieren und zu kommunizieren. Heute ermöglichen leistungsstarke Computer-aided Design (CAD) Software und Virtual Reality (VR) Technologien eine digitale und immersive Herangehensweise an das Design. Designer können im Austausch mit KI-gestützten Technologien zum ersten Mal ihre Entwürfe "erleben". Das dadurch generierte Feedback wird nicht nur massiv schneller, sondern vor allem qualitativ besser, sodass Entwicklungsschleifen auf einem viel höheren Niveau durchgeführt werden können.

Mit CAD können Designer ihre Konzepte in 3D-Modellen umsetzen, die schnell angepasst und überarbeitet werden können, um verschiedene Varianten zu erkunden. VR eröffnet Designern die Möglichkeit, ihre Entwürfe in einem realistischen und immersiven Kontext zu erleben, was ihnen ein besseres Verständnis für die Proportionen und das Raumgefühl des Fahrzeugs gibt. Früher musste über Monate hinweg ein Prototyp entwickelt und gebaut werden, was für enormen Zeit- und Ressourcenaufwand sorgte. Heute funktioniert dies fast auf Knopfdruck.

Das Mensch-Maschine-Interface ermöglicht eine nahtlose Interaktion zwischen Designern und den verwendeten Technologien. Designer können mit einer intuitiven Benutzeroberfläche arbeiten, die es ihnen ermöglicht, ihre Ideen mühelos umzusetzen und die Designentwicklung zu beschleunigen. Die virtuelle Zusammenarbeit ist heute einfacher denn je, da Cloud-Plattformen und Kollaborationstools Designerteams aus verschiedenen Teilen der Welt verbinden können. Das Feedback von Kollegen und Kunden kann in Echtzeit eingeholt werden, was den Designprozess optimiert und zu besseren Ergebnissen führt.

KI kann noch mehr

Die Implementierung von künstlicher Intelligenz (KI) und maschinellem Lernen in den Designprozess eröffnet weitere Möglichkeiten. KI kann große Datenmengen analysieren (Clustern), Kundenpräferenzen vorhersagen und Designtrends identifizieren. Designer können diese Informationen benutzen, um fundierte Entscheidungen zu treffen und Fahrzeugkonzepte zu entwickeln, die den Erwartungen der Zielgruppe entsprechen oder, im besten Fall, diese übertreffen. Darüber hinaus kann KI auch als kreativer Partner dienen, indem sie alternative Designideen vorschlägt und den Designern neue Perspektiven bietet.

Mit anderen Worten kann die KI voraussagen, welche Designs bei der Zielgruppe ankommen und welche nicht. Je mehr Daten sie aufgrund ihrer Berechnungen wieder zur Verfügung gestellt bekommt, desto mehr wird sie lernen und desto bessere Voraussagen wird sie diesbezüglich auch in Zukunft treffen. Allein aufgrund dieses Beispiels ist es schon gut ersichtlich, welchen Marktvorteil Unternehmen haben, wenn sie KI-Tools zum Einsatz bringen. Beispiele aus der Praxis zeigen, wie viel Beschleunigung bei der Entwicklung möglich ist. Statt Wochen benötigen Konstrukteure und Designer nur noch wenige Minuten, um das gewünschte Ergebnis zu erzielen[19].

Der Mensch als unersetzlicher Schlüssel zum Erfolg

Trotz all dieser technologischen Fortschritte bleibt die Kreativität des Menschen unersetzlich. Die Fähigkeit, innovative Konzepte zu entwickeln, neue Formen zu erkunden und emotionale Designs zu gestalten, ist das Markenzeichen von talentierten Auto-Designern. Technologie und das Mensch-Maschine-Interface sind wertvolle Werkzeuge und Ressourcen, die den Designern helfen, ihre Kreativität zu entfalten und ihre Visionen zu verwirklichen. Nicht mehr, aber auch nicht weniger.

Die Verschmelzung von Mensch und Maschine im Auto-Design verspricht eine aufregende Zukunft für die Automobilbranche. Durch die enge Zusammenarbeit zwischen kreativen Designern und leistungsstarken Technologien werden Fahrzeuge geschaffen, die nicht nur auf technischer Ebene überzeugen, sondern auch ästhetisch ansprechend sind und eine starke emotionale Verbindung zu den Verbrauchern aufbauen. **Die Balance zwischen menschlicher Kreativität und technologischer Unterstützung ist der Schlüssel, um bahnbrechende Fahrzeugkonzepte zu entwickeln, die die Mobilität der Zukunft prägen werden.** Diese Aussage steht im krassen Widerspruch dazu, dass alle Designer nun Angst um ihren Job haben müssen. Sie müssen ihn auf jeden Fall anders ausüben als in der Prä-KI-Zeit.

Besondere Herausforderungen im Kontext des Mensch-Maschine-Interface

Usability und Benutzerfreundlichkeit sind entscheidende Faktoren bei der Gestaltung von Benutzerschnittstellen, da von diesen Aspekten abhängt, wie sehr die neuen Tools genutzt werden und ob sie ihr volles Potenzial entfalten können. Eine klare und intuitive Benutzerführung sowie gut platzierte Elemente sind essenziell, um eine positive Nutzererfahrung zu gewährleisten, die zur weiteren Auseinandersetzung mit dem jeweiligen Tool animiert. Durch umfassende Usability-Tests und kontinuierliches Feedback von Nutzern können potenzielle Probleme frühzeitig erkannt und optimale Lösungen gefunden werden.

Die Gestaltung der Schnittstellen sollte darauf abzielen, dass Menschen mit unterschiedlichen Fähigkeiten und Einschränkungen die Anwendung problemlos nutzen können. Dies kann durch die Integration von barrierefreien Funktionen wie Bildschirmlesern, kontrastreichen Farbpaletten und gut lesbaren Schriftarten erreicht werden, was vor allem in Hinblick auf eine alternde Bevölkerung zu berücksichtigen ist. Multimodale Schnittstellen und Interaktionsvielfalt gewinnen ebenfalls fortwährend an Bedeutung, da Benutzer zunehmend verschiedene Eingabemethoden verwenden, wie Touchscreens, Sprachsteuerung oder Gestensteuerung. Eine nahtlose Integration mehrerer Interaktionsmöglichkeiten kann die Benutzererfahrung verbessern und die Effizienz der Interaktion steigern.

Datenschutz und Sicherheit spielen im Kontext von KI und Mensch-Maschine-Interface ebenso eine wichtige Rolle. Benutzerschnittstellen müssen darauf ausgelegt sein, die Privatsphäre der Benutzer zu schützen und persönliche Daten sicher zu verarbeiten. Durch die Implementierung robuster Sicherheitsmaßnahmen, kryptografischer Verschlüsselungstechnologien und transparente Datenschutzerklärungen können Benutzer das Vertrauen in die Anwendung gewinnen und sich sicher fühlen.

Die Gestaltung von Benutzerschnittstellen ist ein ständiger Prozess der Anpassung und Verbesserung. Indem Designer und Entwickler diese Herausforderungen adressieren und innovative Lösungen finden, können sie die Interaktion zwischen Mensch und Maschine weiter verbessern und zukunftsweisende Benutzerschnittstellen gestalten.

Science-Fiction greifbar nah

Die Zukunft des Mensch-Maschine-Interface verspricht faszinierende Entwicklungen, die die Interaktion zwischen Mensch und Technologie auf ein noch höheres Niveau heben werden, was zu einer völligen Veränderung der Qualität dieser "Kooperation" führt, wie wir sie uns aus heutiger Sicht nicht einmal annähernd vorstellen können.

Im Folgenden werden mögliche Entwicklungsperspektiven aufgezeigt, die heute bereits absehbar, aber noch nicht im Detail beschreibbar sind. Dennoch macht es an dieser Stelle Sinn, sich über diese Veränderungen zu unterhalten, denn erstmals in der Geschichte der Menschheit kann es passieren, dass Mensch und Maschine miteinander verschmelzen und es zu einer völlig neuen Art des Austausches kommen kann, wo nicht mehr sicher ist, was Mensch und was Maschine ist.

Brain-Computer-Interfaces (BCI) und Neurotechnologie

Brain-Computer-Interfaces (BCI) sind eine bahnbrechende Technologie, die es ermöglicht, die Gedanken und Gehirnaktivitäten direkt in Maschinensignale umzuwandeln. Dadurch können Benutzer Geräte und Anwendungen allein durch ihre Gedanken steuern, ohne physische Schnittstellen wie Tastaturen oder Maus zu benutzen.

BCI verspricht eine radikale Erweiterung der Interaktionsmöglichkeiten und hat das Potenzial, Menschen mit körperlichen Einschränkungen eine bessere Lebensqualität zu bieten, indem sie ihnen mehr Unabhängigkeit und

Kommunikationsmöglichkeiten ermöglicht. Wirklich praktikable Modelle lassen - Stand August 2023 - noch auf sich warten, doch die Ergebnisse sind vielversprechend[20].

Die Erforschung und Entwicklung von BCI ist in den letzten Jahren rasant vorangeschritten. Fortschritte in den Neurowissenschaften und der Neurotechnologie haben dazu geführt, dass BCI-Systeme immer präziser und schneller werden. Den eigenen Computer mit bloßen Gedanken zu steuern - auch das wird mit der KI vermutlich bald Realität[21].

Schon heute können Benutzer einfache Aufgaben wie das Steuern eines Rollstuhls oder das Schreiben von Texten mit Hilfe von BCIs ausführen. In Zukunft könnten BCI-Systeme noch leistungsfähiger werden und komplexere Aufgaben wie die Steuerung komplexer Maschinen oder das Erleben virtueller Welten ermöglichen.

BCI-Technologien stehen aber auch vor Herausforderungen. Die präzise Erfassung und Interpretation von Hirnsignalen erfordert hochentwickelte Sensoren und Algorithmen. Zudem ist die Anpassung von BCIs an individuelle Hirnmuster eine komplexe Aufgabe, da die Hirnaktivität von Mensch zu Mensch stark variieren kann. KI-gesteuerte Werkzeuge werden hier eine Lösung bieten. Dennoch sind die Forscher zuversichtlich, dass mit weiteren Fortschritten in der Neurotechnologie und im Verständnis des Gehirns die Möglichkeiten von BCI in Zukunft noch erheblich erweitert werden können.

Es gibt jedoch auch ethische Fragen im Zusammenhang mit BCI, die nicht verschwiegen werden sollten. Die direkte Verbindung zwischen Gehirn und Maschine wirft Fragen des Schutzes der Privatsphäre, der Sicherheit und des potenziellen Missbrauchs auf. Es ist wichtig, dass bei der Entwicklung und dem Einsatz von BCI strenge ethische und regulatorische Richtlinien eingehalten werden, um mögliche Risiken zu minimieren. Dennoch scheinen die Vorteile, die sich daraus ergeben können, zu verlockend zu sein, um die Forschung aufgrund ethischer Bedenken zu stoppen.

Biometrische Authentifizierung und Identifikation

Biometrische Authentifizierungstechnologien haben in den letzten Jahren zunehmend an Bedeutung gewonnen und werden immer häufiger in verschiedenen Bereichen eingesetzt. Biometrische Merkmale sind individuelle und messbare physische oder verhaltensbasierte Eigenschaften, die dazu dienen können, eine Person eindeutig und irrtumsfrei zu identifizieren. Zu den häufig verwendeten biometrischen Merkmalen gehören Fingerabdrücke, Gesichtserkennung, Iris-Scans, Sprachmuster und Handgeometrie.

Der wohl größte Vorteil der biometrischen Authentifizierung ist, dass sie eine hohe Sicherheit bietet, da biometrische Merkmale einzigartig und schwer zu fälschen sind - niemand hat den exakt gleichen Fingerabdruck oder die exakt gleiche Iris. Im Gegensatz zu Passwörtern oder PIN-Codes können biometrische Daten nicht vergessen oder gestohlen werden. Dies macht biometrische Authentifizierung zu einer attraktiven Option für den Schutz sensibler Daten und Zugriffssysteme.

Im Alltag begegnen uns biometrische Authentifizierungssysteme immer häufiger. Moderne Smartphones sind oft mit Fingerabdrucksensoren oder Gesichtserkennung ausgestattet, um den Zugriff auf das Gerät zu sichern. Die automatisierte und von Maschinen durchgeführte Gesichtserkennung gibt es bereits seit 1970 aus dem Hause Nippon[22].

In Flughäfen und Grenzübergängen werden Iris-Scans verwendet, um die Identität von Reisenden zu überprüfen. Unternehmen setzen biometrische Technologien ein, um den Zugriff auf ihre Räumlichkeiten zu kontrollieren oder die Arbeitszeiterfassung zu automatisieren.

Die Anwendungsbereiche von biometrischen Technologien sind vielfältig und reichen von der Sicherheit und Identifikation bis hin zur Personalisierung und Benutzerfreundlichkeit.

Datenschutz und Zukunft

Trotz der vielen Vorteile gibt es auch einige Herausforderungen und Bedenken im Zusammenhang mit der Verwendung biometrischer Technologien. Datenschutz und Sicherheit sind dabei zentrale Anliegen. Biometrische Daten sind äußerst sensibel, da sie die einzigartige Identität eines Individuums widerspiegeln. Es ist daher entscheidend, dass Unternehmen und Organisationen strenge Sicherheitsmaßnahmen implementieren, um den Missbrauch und die unbefugte Verwendung dieser Daten zu verhindern. Zudem müssen klare Richtlinien und Vorschriften für die Erfassung, Speicherung und

Verwendung biometrischer Daten etabliert werden, um die Privatsphäre und die Rechte der Benutzer zu schützen.

Wird es nicht geschafft, für diesen Datenschutz zu sorgen, wird sich diese Technologie wohl nicht durchsetzen können. Es ist wichtig, dass Nutzer die Kontrolle über ihre eigenen biometrischen Daten behalten und transparent über deren Verwendung informiert werden. Nur so kann das volle Potenzial der biometrischen Authentifizierung als sicherer und effizienter Weg zur Identifikation und Authentifizierung in der digitalen Welt realisiert werden.

In Zukunft werden biometrische Authentifizierungstechnologien voraussichtlich noch weiterentwickelt und vielseitiger eingesetzt werden. Fortschritte in der maschinellen Lernalgorithmen und der Bildverarbeitung könnten die Leistungsfähigkeit und Zuverlässigkeit von biometrischen Systemen steigern. Zudem könnten neue biometrische Merkmale entdeckt oder entwickelt werden, die noch präzisere und fälschungssichere Identifikationen ermöglichen.

Wenn der Computer "menschelt"

Emotionale Schnittstellen und Empathie in der Technologie sind innovative Ansätze, die darauf abzielen, die Interaktion zwischen Mensch und Technologie menschlicher und einfühlsamer zu gestalten. Die Idee dahinter ist, dass Technologie nicht nur auf rein funktionale Weise mit Benutzern kommuniziert, sondern auch emotionale Informationen wahrnimmt und angemessen darauf reagiert. Im Selbstversuch mit

ChatGPT konnte das Programm bereits eine hohe Trefferquote erreichen, wenn es um die Identifizierung sarkastischer oder ironischer Aussagen ging. Dieses "Lesen zwischen den Zeilen" beherrscht die Technologie bereits immer besser.

Ein wesentlicher Aspekt emotionaler Schnittstellen ist die Fähigkeit der Technologie, die emotionalen Zustände der Benutzer zu erkennen und zu interpretieren. Dies kann mithilfe von künstlicher Intelligenz und maschinellem Lernen erfolgen, indem die Technologie beispielsweise Gesichtsausdrücke, Stimmlagen, Tonlagen oder aber die Stellung Wortstellung in Sätzen analysiert. Diese Fähigkeit ermöglicht es der Technologie, zu verstehen, ob ein Benutzer glücklich, traurig, gestresst oder frustriert ist. Diese Fähigkeit wiederum sorgt dafür, dass das Mensch-Maschine-Interface qualitativ noch besser gestaltet wird.

Emotionale Schnittstellen können in verschiedenen Anwendungen und Bereichen eingesetzt werden. In der Gesundheitsbranche könnten sie beispielsweise in der Therapie eingesetzt werden, um Menschen mit psychischen Erkrankungen zu unterstützen oder in der medizinischen Diagnostik, um den emotionalen Zustand von Patienten zu bewerten.

In der Pädagogik könnten emotionale Schnittstellen dazu verwendet werden, das Lernverhalten von Schülern besser zu verstehen und personalisierte Lerninhalte anzubieten. In der Kundenbetreuung könnten emotionale Schnittstellen dazu beitragen, den Kundenservice empathischer zu gestalten und die Zufriedenheit der Kunden zu steigern.

Im Recruiting des ersten digitalen Headhunters Deutschland - Headfound AG - sorgt ein KI-gestütztes Analysetool dafür, im Gespräch mit potenziellen Bewerbern, ihre Vorlieben in Sekundenschnelle zu erkennen und die Präsentation darauf abzustimmen. Vermutlich wurden Sie schön öfter von KI-Tools analysiert, als Ihnen bewusst ist.

Die Integration von Empathie in Technologie ist natürlich ein komplexes Thema, da Empathie bis dato eine rein menschliche Eigenschaft war, die auf Erfahrungen, Emotionen und sozialen Interaktionen basiert. Es ist daher fraglich, inwieweit Technologie tatsächlich in der Lage sein kann, echte Empathie zu zeigen. Dennoch könnte die Simulation von Empathie durch die Technologie dazu beitragen, dass Benutzer eine stärkere Verbindung zur Technologie empfinden und ein positives und unterstützendes Nutzungserlebnis haben.

Je näher uns die Maschinen kommen, desto wichtiger werden ethische Aspekte. Die Erfassung und Verarbeitung von emotionalen Daten der Benutzer erfordert einen verantwortungsvollen Umgang, um die Privatsphäre zu schützen und die Möglichkeit eines Missbrauchs zu minimieren. Transparenz in Bezug auf die Erfassung und Verwendung von emotionalen Daten ist unerlässlich, um das Vertrauen der Benutzer zu gewinnen.

Insgesamt versprechen emotionale Schnittstellen und Empathie in der Technologie eine vielversprechende

Zukunftsperspektive, um die Interaktion zwischen Mensch und Technologie menschlicher, angenehmer und effektiver zu gestalten.

Die Verschmelzung von Mensch und Maschine

Die Verschmelzung von Mensch und Maschine ist eine faszinierende Entwicklung, die durch Fortschritte in Bereichen wie Neurotechnologie, künstliche Intelligenz, Robotik und Biotechnologie vorangetrieben wird. Dadurch wird es möglich, dass Maschinen nicht nur menschlicher handeln, sondern selbst Teil des Menschen werden oder umgekehrt. Der geneigte Leser wird erkennen, dass Science-Fiction-Theorien nahtlos in die gelebte Realität übergehen. Futuristisch anmutende Gedanken und Modelle erscheinen heute nicht mehr so futuristisch wie noch vor einigen Jahren. Der Mensch ist von Natur aus dem Wandel unterworfen, und diesmal kann sich der Wandel sogar auf die Natur des Menschen selbst auswirken. Daran besteht kein Zweifel.

Die potentiellen Vorteile überwiegen mögliche Nachteile aber bei weitem, weshalb eine Fortführung der Forschung an verschiedenen Technologien in diesem Bereich völlig logisch ist. Die Verschmelzung von Mensch und Maschine bietet enorme Potenziale, um das Leben zu verbessern und Menschheit weiterzuentwickeln. Gleichzeitig müssen jedoch Herausforderungen angegangen werden, um die Sicherheit, den Datenschutz und die Akzeptanz dieser Technologien zu gewährleisten.

Die Vorteile der KI sind unbestreitbar – hier nur eine kleine Auswahl

Verbesserte Lebensqualität: Durch Implantate, Prothesen und Brain-Computer-Interfaces können Menschen mit körperlichen Einschränkungen eine gesteigerte Lebensqualität erfahren, indem sie verlorene Funktionen wiedererlangen oder verbessern.

Damit verbunden - Inklusion: Menschen, egal welche Voraussetzungen sie auch mitbringen, können durch diese Technologien nachhaltig profitieren.

Erweiterte Fähigkeiten: Die Verschmelzung von Mensch und Maschine ermöglicht erweiterte Sinneswahrnehmungen und kognitive Fähigkeiten. Virtual Reality, Augmented Reality und KI eröffnen neue Möglichkeiten, Informationen zu verarbeiten und die Realität zu erweitern.

Menschliche Weiterentwicklung wird beschleunigt: Wie an den folgenden Graphiken leicht erkennen kann, bedeutet der pädagogische Einsatz von KI-Technologien, welche versuchen, auf die Vorlieben der Lernenden einzugehen, eine massive Beschleunigung des Lernprozesses an sich. Die verschiedenen Zyklen und Wellen werden „geglättet" und der Zufall, ob man einen Lehrer bekommt, den man mag oder eben nicht, ausgeschaltet. Der Stoff wird so präsentiert, dass er optimal verarbeitet werden kann. Natürlich befinden wir uns hier erst ganz am Anfang, aber die Chancen sind riesig, hier enorme Durchbrüche zu erzielen, zum Wohle der menschlichen Weiterentwicklung.

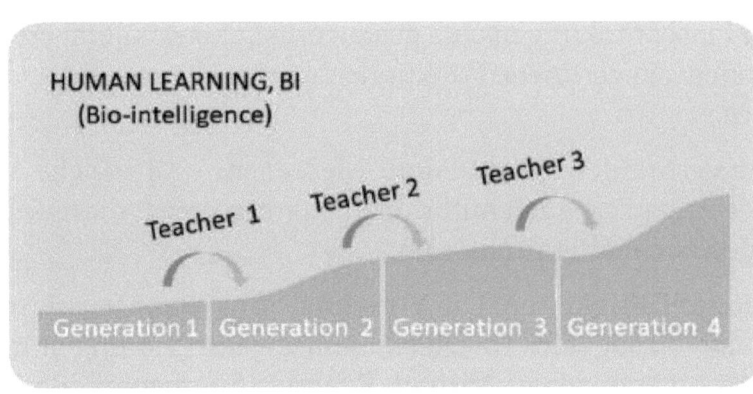

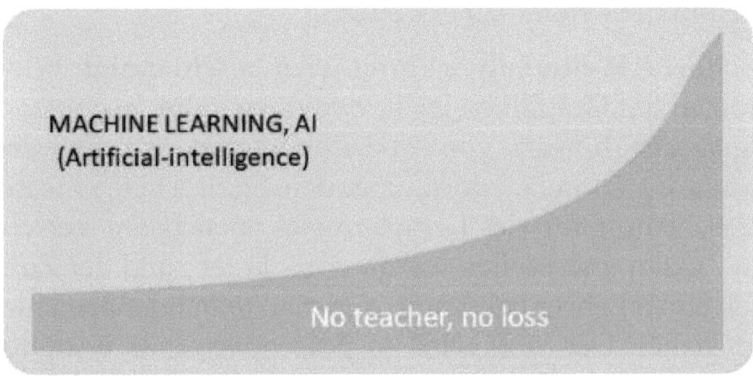

84

Wie Startups von Künstlicher Intelligenz profitieren können

Startups stehen vor vielen Herausforderungen, wenn sie sich auf dem Markt etablieren und wachsen wollen. Meist gibt es sehr hohe Ambitionen, viel Motivation und Herzblut, aber dennoch schafft es der Großteil der Startups eben nicht, sich am Markt zu etablieren. Noch schlimmer - 80 bis 90% scheitern sogar vollkommen in den ersten drei Jahren[23]. Noch schlimmer sieht es nach 5 Jahren aus.

Die Gründe für das jeweilige Scheitern sind vielfältig. Im ersten Schritt sollen die wichtigsten Gründe für das Scheitern von Startups herausgearbeitet werden und im zweiten Schritt soll gezeigt werden, wie Startups konkrete KI-Lösungen einsetzen können, um sich am Markt nachhaltig zu etablieren.

Hauptgründe für das Scheitern von Startups

Natürlich kann man im Rahmen eines Buches nicht vollumfänglich alle Gründe für das Scheitern von Startups anführen - das würde den Rahmen sprengen. Außerdem muss man im Hinterkopf behalten, dass es oft mehrere Gründe hat, weshalb Unternehmen scheitern und somit eine Kombination aus mehreren Fehleinschätzungen ist. Hier nun die 5 wichtigsten Punkte in diesem Zusammenhang.

1. Fehlende Marktnachfrage

Die fehlende Marktnachfrage ist eines der am häufigsten zitierten Probleme, das zum Scheitern von Startups führt. Die Entwicklung eines Produkts oder einer Dienstleistung ohne Berücksichtigung des tatsächlichen Bedarfs am Markt kann zu erheblichen finanziellen Verlusten und letztlich zum Scheitern des Unternehmens führen. Man mag es kaum glauben, dass dies einer der Hauptgründe ist, weil man davon ausgeht, dass junge Unternehmen ausgiebige Marktforschung betreiben, bevor sie Geld investieren und gründen. Dem ist jedoch nicht so. Oftmals sind die Gründer vollends überzeugt von ihren Produkten, dass sie gar nicht daran denken, Marktforschungen anzustellen - schließlich kosten diese Zeit und Geld und könnten natürlich Erkenntnisse zutage fördern, die Gründer gar nicht hören wollen. Nämlich dass ihre Idee gar nicht vermarktbar ist. Dies kommt, wie wir gleich sehen werden, häufiger vor als man annimmt.

Die Nachfrage am Markt ist im Grunde die Zahl der potenziellen Kunden oder Benutzer, die an einem bestimmten Produkt oder einer Dienstleistung interessiert sind. Ohne ausreichende Nachfrage kann ein Unternehmen keinen Gewinn erzielen, unabhängig von der Qualität oder Einzigartigkeit des Produkts.

Eine Studie von CB Insight hat tatsächlich gezeigt, dass mehr als 40% der untersuchten Startups an fehlendem Marktpotential gescheitert sind. Dies bedeutet, dass diese Unternehmen Produkte oder Dienstleistungen entwickelt haben, die nicht den Bedürfnissen oder Wünschen des Marktes entsprechen.

Eine ähnliche Untersuchung von CB Insights Tech Market Intelligence Platform, bei der 353 Startup-Post-Mortem-Berichte analysiert wurden, kam zu dem Schluss, dass das Fehlen einer Produkt-Markt-Passung einer der Hauptgründe für das Scheitern von Startups ist.

Negativbeispiel - Woodero

Ein konkretes Beispiel ist das österreichische Startup Woodero. Dieses Unternehmen stellte Smartphone- und Tablet-Schutzhüllen aus Holz her. Trotz erfolgreicher Crowdfunding-Aktivitäten gab es letztlich keine ausreichende Nachfrage für ihr Produkt am Markt. Dies zeigt, dass selbst wenn ein Unternehmen in der Lage ist, Anfangsinvestitionen zu sichern, dies nicht zwangsläufig den tatsächlichen Marktbedarf für das Produkt oder die Dienstleistung widerspiegelt.

Wie kann man das Problem der fehlenden Marktnachfrage lösen?

Die Lösung liegt in der gründlichen Marktforschung und Kundenvalidierung, bevor umfangreiche Investitionen getätigt werden. Ein häufiger Fehler, den Startups machen, ist die Annahme, dass es eine Nachfrage gibt, ohne diese Annahme zu überprüfen. Das Sammeln von Feedback von potenziellen Kunden und die Durchführung von Pilotprojekten oder Beta-Tests können dazu beitragen, die Marktnachfrage realistisch einzuschätzen.

In der Umfrage von Skynova gaben 58% der befragten Gründer an, dass sie mit ihrem jetzigen Wissensstand mehr Marktforschung betrieben hätten, bevor sie ihr Unternehmen gründeten. Sie wünschten sich auch, einen stärkeren Geschäftsplan gehabt zu haben.

2. Zu wenig Geld

Unzureichende Finanzmittel sind ein zentrales Problem für viele Startups und können oft das Ende eines vielversprechenden Geschäfts bedeuten, bevor es überhaupt richtig gestartet ist. Die Anfangsphase eines Startups ist meistens mit hohen Kosten verbunden – sei es für die Produktentwicklung, Marketingaktivitäten, Personal oder den Betrieb allgemein. In dieser Phase generieren viele Startups noch keinen oder nur wenig Umsatz, wodurch sie stark von externen Finanzierungen abhängig sind.

Ein Problem bei Firmengründungen: Startups müssen oft hohe Anfangsinvestitionen tätigen, um ihr Produkt oder ihre Dienstleistung zu entwickeln und auf den Markt zu bringen. Diese Investitionen können sich auf verschiedene Bereiche beziehen, wie z.B. Forschung & Entwicklung, Marketing, Personal oder Technologie. Ohne ausreichende Finanzierung können diese notwendigen Investitionen nicht getätigt werden, was das Wachstum und die Entwicklung des Unternehmens behindert und dafür sorgt, dass das Geld schneller verbraucht wird, als es eingenommen werden kann - ein Teufelskreis.

Die CB Insight Studie gibt Aufschluss darüber, wie kritisch das Problem der Finanzierung für Startups ist. Die Daten zeigen, dass fast ein Drittel der Unternehmen aufgrund von Liquiditätsproblemen scheiterte. Das bedeutet, dass diese

Unternehmen nicht genug Geld hatten, um ihren Betrieb auf-
rechtzuerhalten, insbesondere, wenn unerwartete Kosten oder
Herausforderungen auftraten, die in weiterer Folge nicht be-
glichen werden konnten.

Praxisbeispiel Airware

Ein konkretes Beispiel für ein Unternehmen, das aufgrund
von Finanzierungsproblemen gescheitert ist, ist die Drohnen-
firma Airware. Trotz einer vielversprechenden Geschäftsidee
und Technologie musste das Unternehmen den Betrieb einstel-
len, nachdem es 18 Monate lang erfolglos nach Finanzierungs-
möglichkeiten gesucht hatte. Dies zeigt, wie kritisch eine
stabile Finanzierung für den Erfolg eines Startups ist.

Es gibt mehrere Möglichkeiten, wie Startups Finanzierungs-
probleme vermeiden können:

Gründliche Finanzplanung: Eine detaillierte und realistische
Finanzplanung hilft Startups zu verstehen, wie viel Geld sie
benötigen und wann sie es benötigen.

Frühzeitige Suche nach Investoren: Anstatt zu warten, bis das
Geld knapp wird, sollten Startups frühzeitig nach Investoren
suchen.

Flexible Geschäftsmodelle: Ein flexibles Geschäftsmodell ermöglicht es Startups, sich schnell an veränderte Marktbedingungen anzupassen und so Kosten zu sparen.

Kontinuierliches Monitoring: Regelmäßige Überprüfung der
Finanzen und Anpassung der Strategie bei Bedarf.

3. Mangel an Transparenz

Mangel an Transparenz über Misserfolge ist ein bemerkenswertes Phänomen in der Startup-Szene. Das Unternehmertum, insbesondere im Startup-Bereich, wird oft durch Geschichten von Erfolg, Innovation und raschem Wachstum geprägt. Doch nicht jede Gründung führt zu einem erfolgreichen Unternehmen, um Neugründern Motivation zu vermitteln. Misserfolge sind in der Startup-Welt tatsächlich häufiger als Erfolge, wie bereits beschrieben wurde. Das Problem ist, dass diese Misserfolge oft nicht öffentlich diskutiert oder geteilt werden.

Warum Transparenz über Misserfolge wichtig ist

Es gibt einige Gründe, weshalb Transparenz für Startups so wichtig ist:

Lernen aus Fehlern: Misserfolge bieten wertvolle Lektionen. Wenn Gründer offen über ihre Fehler sprechen, können andere von diesen Erfahrungen lernen und ähnliche Fallstricke vermeiden.

Realistische Erwartungen setzen: Die ständige Betonung von Erfolgsgeschichten kann unrealistische Erwartungen für angehende Gründer setzen. Ein offener Dialog über Misserfolge kann dazu beitragen, ein ausgewogeneres Bild der Startup-Landschaft zu zeichnen und damit zu signalisieren, dass Niederlagen oder Scheitern einfach dazugehören.

Unterstützende Gemeinschaft: Das Teilen von Misserfolgen kann eine unterstützende Gemeinschaft fördern, in der Gründer sich weniger isoliert fühlen, wenn sie Schwierigkeiten begegnen.

4. Datenanalyse und Fehlinterpretationen

Die korrekte Interpretation von Daten kann den Unterschied zwischen dem Erfolg und dem Misserfolg eines Unternehmens ausmachen. Ein anschauliches Beispiel hierfür ist der Lebensmittel-Lieferservice Dinnr. Trotz positiver Marktforschungsergebnisse führte eine fehlerhafte Interpretation dieser Daten durch den Gründer schließlich zum Scheitern des Startups. Am ersten Tag hatten sie überhaupt nur drei Bestellungen zu verzeichnen[24].

Das Verständnis von Daten und deren Interpretation ist in der Geschäftswelt von entscheidender Bedeutung. Jede Entscheidung, die auf der Grundlage von Daten getroffen wird, kann weitreichende Auswirkungen haben. Die Datenanalyse und -interpretation ist nicht immer ein klar definierter Prozess, insbesondere bei qualitativen Daten. Bei qualitativen Methoden bezieht sich die Interpretation von Daten in der Regel auf die Analyse von Äußerungen in Interviews oder auf bestimmte Ereignisse oder Handlungen, die in Feldnotizen aus Beobachtungen festgehalten wurden. Nach der Erhebung und Analyse der Daten erfolgt die Diskussion über die Ergebnisse, ihre Gültigkeit und Verallgemeinerbarkeit. Es ist wichtig zu betonen, dass die Verallgemeinerung hier weniger im statistischen Sinn, sondern eher im theoretischen Sinne gemeint ist.

Die Analyse und Interpretation in der qualitativen Forschung werden nicht als linearer Prozess betrachtet, sondern reflektiert eher einen zirkulären Prozess mit einem entdeckenden Charakter. Dies bedeutet, dass die Datenerhebung und -auswertung sich wiederholen können, bis eine theoretische

Sättigung erreicht ist. Das Hauptziel der qualitativen Forschung ist es, zwischen fallbezogenen und vergleichenden
Analysen zu navigieren, um Typologien oder Modelle zu entwickeln.

5. Die richtige Teamstruktur und Organisation

Die Teamstrukturen und Prozesse in einem Startup sind
entscheidend für seinen Erfolg. Ein ausgeglichenes Team, das
über eine Vielfalt von Fähigkeiten und Perspektiven verfügt,
kann die Herausforderungen des Marktes effektiver bewältigen. Wenn jedoch ein Team Mitglieder mit ähnlichen Fähigkeiten und Aufgabenbereichen hat, können wichtige Ge-
schäftsbereiche und -chancen übersehen werden.

Carsten Lexa, ein Experte in der Startup-Szene, betont die Bedeutung eines gut strukturierten Teams. Laut ihm ist die falsche Zusammenstellung und Organisation des Teams einer
der Hauptgründe für das Scheitern von Startups. Dies ist besonders kritisch, wenn alle Teammitglieder aus dem gleichen
Fachgebiet kommen und ähnliche Aufgaben haben. Ein solches Team kann Schwierigkeiten haben, vielfältige Herausforderungen zu bewältigen, da es an Vielfalt in den Fähigkeiten
und Perspektiven mangelt. Die Problemlösungskompetenz
sinkt mit dem Grad der fachlichen Heterogenität des Teams.

Ein weiterer wichtiger Punkt, den Lexa betont, ist die Unter-
scheidung zwischen der Implementierung einer Idee und den
eigentlichen Gründen eines Unternehmens. Viele Gründer
verfolgen ihre Geschäftsideen mit der vagen Hoffnung,

möglicherweise Geld zu verdienen, ohne dabei den tatsächlichen Zweck des Unternehmens zu berücksichtigen – Geld zu verdienen. Es ist wichtig, dass sich Gründer nicht nur auf ihre Geschäftsidee konzentrieren, sondern auch darüber nachdenken, wie sie mit ihrem Unternehmen tatsächlich Geld verdienen können, es also profitabel zu gestalten.

Wie KI-Lösungen Startups unterstützen können

Nun bieten KI-Tools fantastische Möglichkeiten, wie mit den genannten Herausforderungen professionell umgegangen werden kann.

Hier sind 12 der größten Herausforderungen und wie KI ihnen bei der Bewältigung helfen kann, einschließlich praktischer Beispiele:

Kapitalbeschaffung mithilfe von KI

Die Kapitalbeschaffung stellt, wie wir bereits gesehen haben, für viele Startups eine Herausforderung dar, insbesondere im Bereich der Finanztechnologie (Fintech), wo hohe Geldsummen benötigt werden. In diesem Bereich ist es jedoch nicht ausreichend, nur eine innovative Idee zu haben. Es ist wichtig, potenziellen Investoren zu zeigen, wie diese Idee in die Praxis umgesetzt wird und welchen Mehrwert sie bietet.

Die künstliche Intelligenz ist heutzutage ein wesentliches Instrument in vielen Branchen und hat besonders im Finanzsektor beachtliche Fortschritte gemacht. Ihre Anwendung im Bereich der Kapitalbeschaffung bietet eine Reihe von Vorteilen und Möglichkeiten. Hier nun mögliche Bereiche, in denen sie unterstützen kann:

Automatisierte Marktanalyse: Mit KI-Tools können Unternehmen automatisierte Marktanalysen durchführen, um potenzielle Investoren oder Finanzierungspartner zu identifizieren. Die Analyse von Markttrends, dem Verhalten von Investoren und historischen Investitionsdaten ermöglicht es Startups, gezielte und personalisierte Pitching-Strategien zu entwickeln.

Risikobewertung: Durch den Einsatz von KI können Fintech-Startups potenzielle Investitionsrisiken besser einschätzen und entsprechende Lösungen anbieten. Investoren suchen nicht nur nach rentablen, sondern auch nach sicheren Investitionsmöglichkeiten. Ein Startup, das mithilfe von KI eine genaue Risikobewertung präsentieren kann, hat bessere Chancen auf Kapitalbeschaffung, weil dadurch nachvollziehbar gezeigt werden kann, was Investoren zu erwarten haben.

Finanzmodellierung: Traditionelle Finanzmodelle können komplex und zeitaufwendig sein. KI-Tools bieten die Möglichkeit, dynamische und adaptive Modelle zu entwickeln, die sich in Echtzeit an Marktveränderungen anpassen. Dies gibt potenziellen Investoren ein höheres Vertrauen in die Projektionen des Unternehmens.

Personalisierte Pitches: Mit KI können Pitches und Präsentationen auf die spezifischen Interessen und Bedenken jedes einzelnen Investors zugeschnitten werden. Dies erhöht die Erfolgschancen für die Kapitalbeschaffung erheblich.

Chatbots und KI-Assistenten: Diese Technologien können rund um die Uhr auf Anfragen von Investoren reagieren, ihnen notwendige Informationen liefern und den Prozess der Kapitalbeschaffung beschleunigen.

Verhaltensbasierte Analysen: Durch die Analyse des Verhaltens von Investoren kann KI dazu beitragen, herauszufinden, welche Angebote oder Verhandlungsstrategien am effektivsten sind, um Investoren zu gewinnen.

Vorhersageanalysen zur Optimierung des Geschäftsmodells

KI-gestützte Vorhersageanalysen können dazu beitragen, das Geschäftsmodell zu optimieren und potenziellen Investoren zu zeigen, wie das Startup in der Lage ist, den Markt zu analysieren, Trends vorherzusagen und entsprechend zu reagieren. Durch den Einsatz von KI können Startups ihre Geschäftsstrategien präziser ausrichten und so ihre Chancen auf Investitionen erhöhen.

Praxisbeispiel: Fintech-Startup

Ein konkretes Beispiel ist ein Fintech-Startup, das KI verwendet, um Finanzprognosen zu erstellen. Mit Hilfe dieser Prognosen kann das Startup potenzielle Investoren überzeugen, indem es zeigt, wie genau seine Vorhersagen im Vergleich zu traditionellen Methoden sind. Solche KI-gestützten Analysen können ein klares Bild davon vermitteln, wie das Startup in der Zukunft performen wird, basierend auf aktuellen Daten und Trends.

Es ist wichtig zu betonen, dass die Investoren in der Fintech-Branche nach Startups suchen, die nicht nur eine innovative Idee haben, sondern auch zeigen können, wie diese Idee in der Praxis funktioniert und welchen Mehrwert sie bietet. Ein gutes Geschäftsmodell, unterstützt durch KI-gestützte Vorhersageanalysen, kann hierbei von entscheidender Bedeutung sein. Ein weiterer wichtiger Faktor ist die Fähigkeit des Startups, sich an veränderte Marktbedingungen anzupassen und flexibel auf neue Herausforderungen zu reagieren.

Neue Kunden mittels KI

Die Kundengewinnung ist in jedem Geschäftsbereich von zentraler Bedeutung, um ein erfolgreiches und florierendes Unternehmen aufzubauen und zu erhalten. In der heutigen digitalen Ära, in der Verbraucher eine Fülle von Optionen haben, ist es unerlässlich, fortschrittliche Technologien zu nutzen, um sich von der Konkurrenz abzuheben und die Aufmerksamkeit potenzieller Kunden zu gewinnen.

Dank der Fortschritte in der Künstlichen Intelligenz können Unternehmen ihr Marketing und ihre Werbekampagnen personalisieren, um gezielter und effektiver mit ihrer Zielgruppe zu kommunizieren. Durch die Analyse großer Datenmengen kann KI Verhaltensmuster von Kunden erkennen,

Vorhersagen über zukünftige Präferenzen treffen und so personalisierte Angebote oder Produktvorschläge unterbreiten.

Praxisbeispiel: E-Commerce-Startup

Ein E-Commerce-Startup kann KI-gesteuerte Algorithmen verwenden, um personalisierte Produktvorschläge basierend auf dem Surfverhalten der Benutzer zu erstellen. Wenn beispielsweise ein Benutzer häufig nach Outdoorbekleidung sucht, könnte das System ihm automatisch neue Angebote oder Rabatte für Wanderstiefel oder Regenjacken anzeigen. Solche personalisierten Vorschläge erhöhen die Wahrscheinlichkeit eines Kaufs und verbessern das Benutzererlebnis.

Zudem zeigen Beispiele aus der Praxis den Wert von KI im E-Commerce. Zu den Anwendungsbeispielen von KI im E-Commerce gehören unter anderem:

- Vorhersage des Kaufzyklus
- Modellierung der Kaufabsicht
- Vorhersage der Kundenabwanderung
- Intelligente Produktempfehlungen
- Zielorientierte Kundensegmentierung
- Vorhersage der nächsten Warenkorbgröße
- Optimierung von Retouren im E-Commerce.

Ein weiteres wichtiges Instrument im KI-Marketing ist der "Customer Lifetime Value" (CLV), der den zukünftigen Wert eines Kunden für das jeweilige Unternehmen darstellt. Durch den Einsatz von KI kann der CLV auf der Grundlage von Kaufhistorien und anderen Daten präzise berechnet werden, was

Unternehmen hilft, ihre Marketingstrategien entsprechend auszurichten und wertvolle Kunden gezielt anzusprechen.

Darüber hinaus betonen Experten die positive Wirkung von KI im Marketing. KI kann das Verhalten von Kunden präzise vorhersagen, ihre Erwartungen und Bedürfnisse erfüllen, personalisierte Werbung und Inhaltsangebote erstellen und damit effektivere Marketingmaßnahmen umsetzen, um höhere Abschlussraten zu erzielen.

Marktanalyse und -eintritt professionalisieren mit KI

Marktanalyse und -eintritt sind entscheidende Schritte für Unternehmen, die in einen neuen Markt expandieren oder ein neues Produkt oder eine neue Dienstleistung einführen möchten. Eine gründliche Marktanalyse ermöglicht es Unternehmen, die Bedürfnisse und Vorlieben der Zielgruppe zu verstehen, Wettbewerber zu identifizieren und Markttrends zu erkennen. Auf diese Weise verhindert man persönliche Verblendung, weil man glaubt, dass das eigene Angebot allen anderen sowieso überlegen sei und man überhaupt keine Marktforschung benötigt.

Die Einführung von Künstlicher Intelligenz in der Marktanalyse hat den Prozess revolutioniert. KI kann große Mengen an Daten in kurzer Zeit analysieren und wertvolle Erkenntnisse liefern, die manuell schwer zu erfassen wären. Beispielsweise kann KI durch die Analyse von Online-Bewertungen, Social-Media-Posts oder Kundenfeedbacks Modetrends, Konsumentenpräferenzen oder aufkommende Marktbedürfnisse identifiziert werden, um das Unternehmen auf diese Bedingungen hin auszurichten, noch bevor die Konkurrenz dies tun kann.

Praxisbeispiel: Mode-Startup

Ein Mode-Startup könnte KI-Technologien nutzen, um Modetrends in verschiedenen Regionen zu analysieren. Durch die Überwachung von Online-Plattformen, Blogs, Social Media und anderen Quellen könnte das Startup herausfinden, welche Stile, Farben oder Materialien in einer bestimmten Region oder bei einer bestimmten Zielgruppe beliebt sind. Mit diesen Erkenntnissen kann das Startup seine Kollektionen entsprechend anpassen, um die Bedürfnisse der Zielgruppe besser zu erfüllen und sich einen Wettbewerbsvorteil zu verschaffen.

Natürlich kann man dieses Beispiel auf alle Themengebiete übertragen.

Betriebskosten mittels KI optimieren

Die eigenen Betriebskosten zu optimieren, hilft Startups dabei, finanziell liquide und flexibel zu bleiben. KI-Tools können dabei behilflich sein, diese Kosten im Blick zu haben und sie nach und nach sogar zu minimieren, um die eigenen Ressourcen noch besser einsetzen zu können.

Automatisierung wiederholbarer Prozesse und Optimierung der Betriebsabläufe

Mit KI können Unternehmen wiederholbare und zeitintensive Prozesse automatisieren, was zu einer Steigerung der Produktivität und einer Reduzierung der Betriebskosten führt. Außerdem kann KI dazu verwendet werden, Datenmuster zu erkennen, Prognosen zu erstellen und darauf basierende Entscheidungen zu treffen, um Betriebsabläufe zu optimieren.

Praxisbeispiel: Startup im Bereich Lebensmittelzustellung

Ein Startup im Bereich Lebensmittelzustellung könnte KI nutzen, um optimale Lieferwege basierend auf Verkehrsmustern, Wettervorhersagen und anderen Faktoren zu planen. Durch die Auswahl des effizientesten Lieferwegs kann das Startup Kraftstoffkosten sparen und gleichzeitig die Lieferzeiten für die Kunden verkürzen.

In der Lebensmittelindustrie gibt es bereits einige beeindruckende Anwendungsbeispiele für KI in diesem Sektor. Die wichtigsten Benefits sind folgende:

Reduzierung von Lebensmittelverschwendung: Unternehmen wie Bizerba nutzen IoT-Sensoren in Kombination mit Microsoft Azure, um die Füllstände von Regalen in Supermärkten zu überwachen. Wenn ein Produkt knapp wird, können automatische Nachbestellungen oder Produktionsanpassungen erfolgen, um Verschwendung zu minimieren.

Verbesserung des Produktionsprozesses: KI kann dazu beitragen, die Lebensmittelproduktion zu revolutionieren, indem sie menschliche Fehler reduziert, Sicherheitsstandards erhöht und die Produktqualität verbessert.

Datengetriebene Zielgruppenanalyse: KI kann dazu verwendet werden, spezifische Informationsinteressen von Nutzern zu identifizieren und maßgeschneiderte User-Journeys zu bieten, was zu einer höheren Kundenbindung und Umsatzsteigerung führen kann.

Talentakquise

Die Talentakquise, auch Recruiting genannt, ist ein entscheidender Prozess für jedes Unternehmen, um qualifizierte Mitarbeiter zu gewinnen. In der heutigen Zeit der Digitalisierung und Technologieentwicklung spielt Künstliche Intelligenz eine immer wichtigere Rolle in diesem Bereich. Je effizienter, besser und schneller Mitarbeiter für das eigene Unternehmen gewonnen werden, desto mehr Wertschöpfung können sie auch erzielen. Dem Aspekt des Recruitings kann gar nicht genug Bedeutung beigemessen werden, wenn es um Unternehmenserfolg geht.

Automatisierte Bewerberscreenings und Matching von Jobanforderungen mit Bewerberfähigkeiten

Dank KI können Unternehmen den Bewerbungsprozess effizienter gestalten, indem sie die Fähigkeiten und Qualifikationen von Bewerbern automatisch mit den Anforderungen der offenen Stellen abgleichen. Dies ermöglicht es den

Personalvermittlern, schneller und genauer die besten Kandidaten für eine Position zu identifizieren und somit den gesamten Einstellungsprozess zu beschleunigen.

Praxisbeispiel: Tech-Startup Phenom

Ein herausragendes Beispiel für den Einsatz von KI im HR-Bereich ist das Tech-Startup Phenom, das auf Künstliche Intelligenz setzt, um Kandidaten mit den richtigen Jobs zu verknüpfen. Phenom verwendet eine KI-gestützte Plattform, die auf mehr als einer Milliarde Kandidatenprofile aus 180 Ländern basiert. Mit dieser Technologie können Arbeitgeber personalisierte Jobempfehlungen für Kandidaten erstellen, basierend auf verschiedenen Faktoren wie Standort, Surfverhalten auf Karriereseiten und gescannten Lebensläufen. Darüber hinaus verwendet Phenom's KI-System ein Scoring-System, um die Übereinstimmung zwischen einem Lebenslauf und einer Stellenbeschreibung zu bewerten, was oft ein Indikator dafür ist, wer zu einem Vorstellungsgespräch eingeladen wird. In Deutschland sorgt vor allem der digitale Headhunter - Headfound - für den professionellen Einsatz von KI-Tools, um möglichst schnell die richtigen Mitarbeiter für suchende Unternehmen zu finden[25].

Die Vorteile der KI-gestützten Talentakquise sind vielfältig:

Automatisierung und Effizienz: KI kann wiederholbare Aufgaben wie das Screening von Lebensläufen und das Matching von Fähigkeiten mit Jobanforderungen automatisieren, wodurch der Einstellungsprozess beschleunigt wird und weniger manueller Aufwand erforderlich ist.

Personalisierung: Durch das Verständnis und die Analyse des Verhaltens von Bewerbern können KI-Systeme personalisierte Jobempfehlungen und Erfahrungen bieten, die die Wahrscheinlichkeit einer erfolgreichen Platzierung erhöhen.

Datengetriebene Entscheidungen: Mit KI können Unternehmen große Mengen an Bewerberdaten analysieren und daraus Erkenntnisse gewinnen, um fundierte Entscheidungen über zukünftige Einstellungen zu treffen.

Kurzum: Mit dem Einsatz von KI-Tools ist es möglich, schneller passende Mitarbeiter zu finden.

Produktentwicklung

Produktentwicklung ist ein komplexer Prozess, der von der Ideenfindung über Design und Prototyping bis hin zur Markteinführung reicht. Die Integration von Künstlicher Intelligenz in diesen Prozess kann zu signifikanten Optimierungen und Innovationen führen.

Nutzung von Kundendaten zur Produktverbesserung und -entwicklung

Eine der Hauptanwendungen von KI in der Produktentwicklung ist die Analyse und Nutzung von Kundendaten. KI kann dabei helfen, Muster und Trends in großen Datenmengen zu erkennen, die für das menschliche Auge oft schwer zu identifizieren sind. Durch die Analyse dieser Daten können Unternehmen wertvolle Einblicke in die Bedürfnisse und Wünsche ihrer Kunden gewinnen und so Produkte entwickeln oder verbessern, die genau auf diese Bedürfnisse zugeschnitten sind.

Ein weiterer Aspekt der KI in der Produktentwicklung ist die Vorhersage von Trends. Durch die Analyse von Daten aus verschiedenen Quellen, wie zum Beispiel sozialen Medien, Online-Rezensionen oder Verkaufsdaten, kann KI helfen, zukünftige Trends zu identifizieren und Unternehmen dabei unterstützen, ihre Produkte entsprechend anzupassen oder neue Produkte zu entwickeln, die den kommenden Bedürfnissen der Kunden entsprechen.

Praxisbeispiel: Ein Startup im Gesundheitswesen

Ein hypothetisches Beispiel könnte ein Startup im Gesundheitswesen sein, das KI nutzt, um Patientendaten zu analysieren. Durch die Auswertung dieser Daten könnte das Startup Muster in Krankheitsverläufen, Medikamentenreaktionen oder Therapieerfolgen erkennen. Auf Basis dieser Erkenntnisse könnten dann innovative medizinische Geräte oder Behandlungsmethoden entwickelt werden, die genau auf die identifizierten Bedürfnisse zugeschnitten sind.

Die Vorteile der KI-gestützten Produktentwicklung sind vielfältig:

Datengetriebene Entscheidungen: KI ermöglicht es Unternehmen, Entscheidungen auf Basis von Daten und Fakten zu treffen, anstatt sich auf Intuition oder Vermutungen zu verlassen.

Schnellere Markteinführung: Durch die automatisierte Datenanalyse können Entwicklungszyklen verkürzt und Produkte schneller auf den Markt gebracht werden.

Höhere Produktqualität: Durch die Nutzung von KI können Unternehmen Produkte entwickeln, die besser auf die Bedürfnisse der Kunden zugeschnitten sind und somit eine höhere Akzeptanz und Zufriedenheit bei den Endverbrauchern finden.

Kundenbindung

Kundenbindung ist ein entscheidender Aspekt für den langfristigen Erfolg eines Unternehmens. Ein loyaler Kundenstamm sorgt nicht nur für wiederkehrende Einnahmen, sondern auch für positive Mundpropaganda, die wiederum neue Kunden anzieht. Durch den Einsatz von Künstlicher Intelligenz können Unternehmen ihre Bemühungen zur Kundenbindung verbessern und professionalisieren.

Personalisierung der Kundenerfahrung und Vorhersage von Kundenabwanderung

Die Personalisierung der Kundenerfahrung ist ein zentrales Element zur Stärkung der Kundenbindung. Durch den Einsatz von KI im Marketing können Unternehmen vorhandene Kundendaten analysieren, um interessante Muster und Zusammenhänge zu finden. Diese Erkenntnisse können dann genutzt werden, um Vorhersagen über das zukünftige Verhalten der Kunden zu treffen, was wiederum die Personalisierung von Marketingmaßnahmen ermöglicht.

Ein weiterer Ansatz, wie KI zur Kundenbindung beitragen kann, ist die Vorhersage von Kundenabwanderung. Durch die Analyse historischer Daten kann KI Prognosen darüber erstellen, welche Kunden wahrscheinlich das Unternehmen verlassen werden. Diese Vorhersage ermöglicht es Unternehmen, gezielte Maßnahmen zu ergreifen, um diese Kunden zu halten, sei es durch personalisierte E-Mails, besondere Angebote oder andere Incentives. Auf diese Weise wird die Kundenfluktuation minimiert und Zusatzverkäufe möglich gemacht.

Praxisbeispiel: Ein Streaming-Service-Startup

Ein Streaming-Service-Startup könnte KI verwenden, um personalisierte Wiedergabelisten basierend auf den Vorlieben der Benutzer zu erstellen. Die KI analysiert die Hörgewohnheiten der Benutzer, identifiziert Muster und erstellt darauf basierend individualisierte Wiedergabelisten. Diese Personalisierung verbessert das Kundenerlebnis, da die Benutzer Musikempfehlungen erhalten, die genau ihren Vorlieben entsprechen. Ein solcher personalisierter Service kann die Bindung des Kunden an den Streaming-Dienst erhöhen und ihn davon abhalten, zu einem Konkurrenten zu wechseln. Gleichzeitig wird durch bessere Empfehlung natürlich auch der Umsatz des Unternehmens erhöht.

Wettbewerbsdruck

Wettbewerbsdruck ist eine der zentralen Herausforderungen, mit denen Unternehmen konfrontiert sind. In einem ständig verändernden Marktumfeld müssen Unternehmen ständig auf der Suche nach Wegen sein, um relevant zu bleiben, ihre Marktanteile zu erhöhen und neue Kunden zu gewinnen. Einer der Top 10 Gründe, weshalb Startups scheitern, ist, weil sie von einem Konkurrenten aus dem Markt gedrängt werden.

Marktüberwachung und Identifikation von Nischenmärkten

Mit dem Fortschritt der Technologie, haben Unternehmen jetzt leistungsstarke Werkzeuge zur Verfügung, um sich in diesem intensiven Wettbewerbsumfeld zu behaupten. Eine solche KI-Lösung ist die Marktüberwachung. Durch den Einsatz von KI können Unternehmen Marktanalysen durchführen, um sich über die Aktivitäten ihrer Wettbewerber, Markttrends und Veränderungen der Verbraucherpräferenzen auf dem Laufenden zu halten.

Durch die Identifikation von Nischenmärkten können Unternehmen Marktlücken erkennen, die von den Hauptakteuren übersehen werden oder aus anderen Gründen nicht bedient werden. Diese Nischen können neue Geschäftsmöglichkeiten bieten und den Unternehmen ermöglichen, ihre Angebote zu diversifizieren und sich von der Konkurrenz abzuheben.

Praxisbeispiel: Ein Startup im Bereich erneuerbare Energien

Ein Startup im Bereich erneuerbare Energien könnte KI-Technologien nutzen, um eine umfassende Wettbewerbsanalyse durchzuführen. Durch die Analyse von Marktdaten könnte das Startup feststellen, welche Regionen oder Marktsegmente von den Hauptakteuren in der erneuerbaren Energiewirtschaft vernachlässigt werden. Nachdem solche unterversorgten

Marktsegmente identifiziert sind, kann das Startup seine Ressourcen und Marketingstrategien darauf ausrichten, diese Nischen zu bedienen. Dies könnte bedeuten, in Regionen zu investieren, die von anderen ignoriert werden, oder innovative Produkte und Dienstleistungen zu entwickeln, die den spezifischen Bedürfnissen dieser Nischenmärkte entsprechen.

Dadurch werden Unternehmen widerstandsfähiger gegenüber Veränderungen des Marktes und schaffen es durch ihre Flexibilität, Nischen zu besetzen, die für Umsatz sorgen.

Skalierung

Skalierung im Geschäftskontext bezieht sich auf die Fähigkeit eines Unternehmens, sein Geschäftsmodell und seine Betriebskapazität zu erweitern, um eine größere Kundenbasis oder eine größere Marktabdeckung zu bedienen, ohne an Effizienz oder Qualität zu verlieren.

Ressourcenoptimierung und Prognose von Wachstumschancen

Eine der zentralen Herausforderungen bei der Skalierung ist die effiziente Nutzung von Ressourcen und die Vorhersage von Wachstumschancen. Künstliche Intelligenz bietet leistungsstarke Lösungen für diese Herausforderungen. Insbesondere kann KI genutzt werden, um Daten in Echtzeit zu analysieren und Muster zu erkennen, die für das menschliche Auge nicht sichtbar sind. Dies ermöglicht Unternehmen, ihre Ressourcen besser zu optimieren und zukünftige Wachstumschancen zu prognostizieren.

Praxisbeispiel: Ein Logistik-Startup

Ein Logistik-Startup könnte KI nutzen, um seine Lagerbestände zu optimieren. Indem es Muster in den Daten erkennt, kann das Startup vorhersagen, welche Artikel in naher Zukunft besonders gefragt sein werden und wie viele Ressourcen dafür erforderlich sind. Dies ist besonders wichtig in der Logistikbranche, da die Anforderungen an die Auftragserfüllung ständigen Schwankungen unterliegen. KI kann dabei helfen, den Bedarf an Ressourcen auf Basis der vorhandenen Datenlage genauer abzuschätzen.

Ein spezifisches Beispiel hierfür ist die Ehrhardt + Partner GmbH & Co. KG (EPG), die Künstliche Intelligenz nutzt, um die Ressourcenplanung in ihrem Lager zu optimieren. Sie entwickeln IT-Lösungen, um den Prozess- und Informationsfluss über die gesamte Lieferkette abzubilden. Das Unternehmen verwendet KI, um präzisere Prognosen für ihre logistischen Prozesse und Lagerverwaltung zu erstellen, die traditionell auf Reportings von ERP-Systemen basierten, die nicht immer für genaue Prognosen geeignet waren.

Technologie und Infrastruktur

In der modernen IT-Welt ist die Technologie- und Infrastrukturplanung immer entscheidender für den Erfolg von Unternehmen, insbesondere in einem Zeitalter, in dem der Großteil der Unternehmen auf Cloud-Lösungen angewiesen ist. Eine optimierte und zuverlässige IT-Infrastruktur kann den Unterschied zwischen einem effizienten, reibungslosen Betrieb und kostspieligen Ausfallzeiten bedeuten.

Optimierung der IT-Infrastruktur und automatisierte Fehlererkennung

Durch den Einsatz von Künstlicher Intelligenz können Unternehmen ihre IT-Infrastruktur optimieren und automatisierte Systeme zur Fehlererkennung einsetzen. Dies ermöglicht es den Unternehmen, potenzielle Probleme zu identifizieren, bevor sie zu größeren Problemen werden und proaktiv Lösungen zu implementieren.

Zusätzliche Herausforderungen und Lösungen im Bereich Cloud-Computing:

Fehlende Cloud-Strategie: Viele Startups lassen eine klare Cloud-Strategie vermissen. Es ist wichtig, alle Abteilungen eines Unternehmens in die Strategieentwicklung einzubeziehen und einen konkreten Plan für die Integration und Nutzung der Cloud zu haben.

Falsche Wahl des Cloud-Service-Anbieters: Die Auswahl des richtigen Cloud-Service-Anbieters ist entscheidend. Unternehmen sollten ihre Bedürfnisse evaluieren und einen Anbieter wählen, der ihren spezifischen Anforderungen am besten entspricht.

Sicherheit: Daten- und Cloud-Sicherheit sollten immer im Vordergrund stehen. Ein "safety-first-Ansatz" ist entscheidend, um Datenschutzverletzungen und andere Sicherheitsprobleme zu vermeiden.

Praxisbeispiel: Ein Startup im Bereich Cloud-Computing

Ein Cloud-Computing-Startup könnte von der Anwendung dieser KI-Lösungen in vielfacher Hinsicht profitieren:

Vorhersage von Serverausfällen: Durch den Einsatz von KI kann das Startup Muster und Anomalien in den Daten erkennen, die auf bevorstehende Serverausfälle hinweisen könnten.

Behandlung von "Cold Starts": Ein bekanntes Problem im Serverless-Bereich ist der sogenannte "Cold Start", bei dem es zu einer Latenz beim Starten eines neuen Containers kommt. Ein Cloud-Computing-Startup könnte KI verwenden, um diese "Cold Starts" zu minimieren und die Effizienz zu erhöhen.

Sicherheitsüberlegungen: Mit KI können potenzielle Sicherheitsbedrohungen schneller erkannt und behoben werden, was insbesondere in der Cloud von entscheidender Bedeutung ist.

Unternehmenskultur und Teamzusammenarbeit

Diese beiden Elemente beeinflussen nicht nur die Zufriedenheit und das Engagement der Mitarbeiter, sondern haben auch direkte Auswirkungen auf die Produktivität und den Gesamterfolg eines Unternehmens.

Analyse des Mitarbeiterengagements und Vorschläge zur Verbesserung der Arbeitskultur

Mithilfe von Künstlicher Intelligenz können Unternehmen den Puls ihrer Organisation besser verstehen. KI kann genutzt werden, um Feedback in Echtzeit zu sammeln, Muster in den Daten zu erkennen und konkrete Vorschläge zur Verbesserung der Unternehmenskultur und der Teamzusammenarbeit zu machen.

Hier sind einige konkrete Beispiele, wie Startups KI nutzen, um das Mitarbeiterengagement zu steigern:

Qualee Engage: Dies ist eine von einem in Singapur ansässigen Startup entwickelte Plattform, die KI nutzt, um Mitarbeiterumfragen zu entwerfen, zu sammeln und zu analysieren. Sie verwendet maschinelles Lernen, um die Umfragen basierend auf Arbeitspsychologie und den Werten oder spezifischen Bedürfnissen des Unternehmens zu gestalten. Das System stellt sicher, dass alle Antworten anonymisiert sind, und visualisiert dann die Ergebnisse in verschiedenen Formaten, so dass Führungskräfte die Meinungen der Mitarbeiter darüber verstehen können, was gut läuft und was verbessert werden könnte.

Applauz: Dieses kanadische Startup bietet eine Software zur Mitarbeiteranerkennung. Manager können wichtige Ankündigungen posten und Abzeichen für das Erreichen spezifischer Ziele vergeben. Es ermöglicht auch Umfragen zur Steigerung des Mitarbeiterengagements und bietet statistische Einblicke, um das Engagement besser zu verstehen und zu messen.

Efectio: Ein digitales HR-Tool, das verschiedene Lösungen anbietet, um das Mitarbeiterengagement zu steigern. Dazu gehören Programme zur Förderung des Wohlbefindens, Teambuilding-Aufgaben und Herausforderungen sowie eine Mikro-Lernplattform, die das Lernen über spielerische Elemente (Gamification) ermöglicht.

Es ist entscheidend, dass sich die Mitarbeiter in einem Unternehmen wohlfühlen und möglichst lange im Unternehmen bleiben. Eine hohe Mitarbeiterzufriedenheit führt zu einer niedrigen Fluktuation und spart letztlich auch Kosten und Zeit. Leider fühlen sich viele Mitarbeiter, insbesondere diejenigen, die am nächsten am Produkt und am Kunden arbeiten, oft "vergessen". KI kann dazu beitragen, diese "digitale Kluft" zu überbrücken und Führungskräfte dabei zu unterstützen, ihre Teams zu motivieren.

Rechtliche und regulatorische Herausforderungen

Rechtliche und regulatorische Herausforderungen in Bezug auf Künstliche Intelligenz sind ein wachsendes Anliegen, da Unternehmen KI in ihre Produkte, Prozesse und Entscheidungsfindung integrieren. Mit anderen Worten: Mit dem zunehmenden Einsatz von KI-Tools ergeben sich natürlich auch mehr rechtliche und regulatorische Herausforderungen für Unternehmen. Hier die wichtigsten Punkte in diesem Zusammenhang:

Transparenz der Algorithmen: Es gibt Bedenken hinsichtlich der Transparenz von KI-Algorithmen, insbesondere wenn sie für Entscheidungen verwendet werden, die Menschen direkt betreffen.

Cybersecurity-Schwachstellen: KI-Systeme können anfällig für Sicherheitsverletzungen sein, die Daten und Systemintegrität gefährden.

Voreingenommenheit und Diskriminierung: Es besteht das Risiko, dass KI bestehende Datenverzerrungen verstärkt und zu ungerechten Ergebnissen führt, insbesondere wenn die Trainingsdaten voreingenommen sind.

Datenschutz und Datenverarbeitung: Fragen rund um den Datenschutz und wie KI-Daten verarbeitet, sind zentrale rechtliche Herausforderungen.

Haftung für eventuelle Schäden: Wer haftet, wenn KI einen Fehler macht oder Schaden verursacht?

Mangelnde Rechenschaftspflicht: Es kann schwierig sein, die Verantwortung für Entscheidungen zu bestimmen, die von einem KI-System getroffen werden.

Ein Lösungsansatz: Automatisierte Überwachung von regulatorischen Änderungen und Compliance-Checks

Die wachsenden rechtlichen und regulatorischen Herausforderungen erfordern, dass Organisationen proaktive Schritte unternehmen, um sicherzustellen, dass sie konform bleiben. KI kann in diesem Bereich eine entscheidende Rolle spielen, indem sie Unternehmen bei der Überwachung ständiger regulatorischer Änderungen unterstützt und automatisierte Compliance-Checks durchführt.

Praxisbeispiel: Ein FinTech-Startup

FinTech-Startups operieren in einem stark regulierten Umfeld, in dem die Einhaltung von Finanzvorschriften von entscheidender Bedeutung ist. Ein solches Startup könnte KI verwenden, um ständig wechselnde Finanzvorschriften zu überwachen und sicherzustellen, dass es stets den regulatorischen Anforderungen entspricht. Durch die Nutzung von KI kann das Unternehmen potenzielle Effizienz und Effektivität sowohl in

115

ihren Betriebsabläufen als auch in der Compliance-Prozessie-
rung und -Analyse steigern.

Optimierung von Startups durch KI-Tools auf vielfältigen Ebenen

Die Integration von KI in den Prozess der Kapitalbeschaffung verändert tiefgreifend die Art und Weise, wie Startups operieren und mit potenziellen Investoren interagieren. Diese Technologie bietet nicht nur eine Lösung für einzelne, spezifische Probleme, sondern sie bietet eine umfassende Optimierung des gesamten Prozesses.

Erstens ermöglicht KI eine präzisere und umfassendere Analyse großer Datenmengen. Dies bedeutet, dass Startups ein besseres Verständnis ihrer Marktstellung, ihrer Konkurrenz und der sich ständig ändernden Landschaft der Investoren haben. Sie sind dadurch besser darauf vorbereitet, proaktiv statt reaktiv auf Marktveränderungen zu reagieren.

Zweitens bietet KI eine adaptive Umgebung, die Startups die Flexibilität gibt, sich an veränderte Umstände anzupassen. Dies kann besonders wertvoll sein in der dynamischen Welt von Startups und Investitionen, wo sich Chancen und Risiken ständig verschieben können.

Drittens stellt KI sicher, dass Startups menschliche Ressourcen effizient nutzen. Statt Stunden mit manuellen Analysen und Recherchen zu verbringen, können Teammitglieder ihre Zeit darauf verwenden, Beziehungen zu Investoren aufzubauen, Strategien zu verfeinern und andere zentrale Geschäftsaufgaben zu erledigen.

Viertens kann KI dazu beitragen, die Glaubwürdigkeit und das Vertrauen in Startups zu stärken. In einem Umfeld, in dem der Wettbewerb intensiv ist und Investoren auf der Suche nach dem besten Return on Investment sind, kann der Einsatz von KI-basierten Tools und Analysen den Unterschied ausmachen.

Insgesamt zeigt die Integration von KI, dass Startups nicht nur technologisch fortschrittlich sind, sondern auch eine zukunftsorientierte Vision haben. Dies steigert nicht nur ihre Attraktivität für Investoren, sondern positioniert sie auch als Vorreiter in einer zunehmend digitalisierten und datengetriebenen Welt. Es ist klar, dass die Rolle der KI in der Kapitalbeschaffung weiterhin wachsen wird und dass Startups, die diese Technologie effektiv nutzen, sowohl kurzfristige als auch langfristige Vorteile genießen werden.

Mögliche Herausforderungen bei der Implementierung von KI-Tools und deren Lösung

Die Implementierung von KI-Tools bei Startups kann auf verschiedene Hindernisse stoßen, wie die Praxis immer wieder zeigt. Dies ist jedoch kein Grund, die Flinte ins Korn zu werfen oder das Kind mit dem Bade auszuschütten. Hier sind fünf der häufigsten Hindernisse und mögliche Lösungen dafür:

Mangel an Daten

Startups stehen oft vor dem Problem, dass sie nicht über ausreichend Daten verfügen, um effektive KI-Modelle zu trainieren. Daten sind das Herzstück vieler moderner KI-Systeme, insbesondere von solchen, die auf tiefem Lernen basieren. Ohne eine ausreichende Menge an qualitativ hochwertigen Daten kann ein Modell nicht effektiv trainiert werden oder es liefert ungenaue Vorhersagen.

Lösungen

Partnerschaften mit anderen Unternehmen

Ein Startup kann Partnerschaften oder Kooperationen mit anderen Unternehmen eingehen, die über relevante Daten verfügen. Dies kann in Form eines Datenaustauschs oder einer gemeinsamen Forschungsinitiative geschehen. Dabei ist es wichtig, rechtliche und ethische Aspekte zu berücksichtigen, insbesondere im Hinblick auf Datenschutz und geistiges Eigentum.

Verwendung von öffentlich verfügbaren Datensätzen

Es gibt viele öffentliche Datenbanken und Repositories, die Daten für Forschungszwecke bereitstellen. Diese können eine wertvolle Ressource für Startups sein, die ihre eigenen Datenbanken aufbauen oder ihre Modelle vorab trainieren möchten. Beispiele sind Datenbanken wie UCI Machine Learning Repository oder Kaggle.

Generierung von synthetischen Daten

Mit fortschrittlichen Techniken können Unternehmen synthetische Daten erstellen, die echten Daten ähneln, aber nicht aus realen Ereignissen stammen. Dies kann besonders nützlich sein, wenn echte Daten schwer zu beschaffen sind oder Datenschutzbedenken bestehen. Tools wie Generative Adversarial

Networks (GANs) sind beispielsweise dafür bekannt, solche Daten zu generieren.

Verwendung von Transfer-Lernen

Transfer-Lernen ist eine Methode, bei der ein Modell, das auf einem Datensatz trainiert wurde, angepasst wird, um auf einem anderen, oft kleineren Datensatz zu arbeiten. Dies kann besonders nützlich für Startups sein, die nicht über große Mengen eigener Daten verfügen. Ein vortrainiertes Modell kann als Ausgangspunkt dienen und dann mit den verfügbaren Daten des Startups weiter verfeinert werden.

Fehlende Expertise bei Startups

Die Künstliche Intelligenz (KI) ist ein komplexes und sich ständig weiterentwickelndes Feld. Expertise in diesem Bereich erfordert oft jahrelange Ausbildung und praktische Erfahrung. Startups, insbesondere solche mit begrenzten finanziellen Ressourcen, können Schwierigkeiten haben, Fachleute mit tiefem Wissen in KI einzustellen. Dies kann zu Herausforderungen bei der Entwicklung, Implementierung und Optimierung von KI-Lösungen führen.

Lösungen

Schulung des bestehenden Teams

Investieren Sie in die Weiterbildung Ihres aktuellen Teams. Dies kann durch Workshops, Seminare oder spezialisierte Kurse geschehen. Ein Teammitglied mit Grundkenntnissen in

Programmierung oder Datenanalyse kann oft die Grundlagen der KI relativ schnell erlernen.

Nutzung von Online-Kursen

Es gibt viele Online-Plattformen wie Coursera, Udacity oder edX, die Kurse in KI und maschinellem Lernen anbieten. Diese Kurse sind oft flexibel und können neben der regulären Arbeit absolviert werden.

Einstellung von Beratern

Wenn die Einstellung eines Vollzeit-KI-Experten nicht möglich ist, kann ein externer Berater eine kosteneffiziente Möglichkeit sein, um Expertise auf Abruf zu erhalten. Berater können bei spezifischen Projekten helfen oder das Team in KI-Praktiken schulen.

Verwendung von KI-Plattformen, die weniger technisches Wissen erfordern

Es gibt viele KI-Plattformen und Tools, die speziell für Nicht-Experten entwickelt wurden. Diese Plattformen bieten oft Drag-and-Drop-Funktionalitäten oder vorgefertigte Modelle, die mit minimaler Anpassung verwendet werden können.

Kosten bei KI-Projekten

Die Entwicklung und Implementierung von KI-Lösungen kann mit erheblichen Kosten verbunden sein. Diese Kosten entstehen nicht nur durch die Anschaffung von Hardware und

Software, sondern auch durch den Betrieb und die Wartung der Systeme. Insbesondere das Training von tiefen Lernmodellen erfordert oft erhebliche Rechenleistung, die in Form von spezialisierten GPUs oder TPUs bereitgestellt wird. Darüber hinaus erfordern KI-Projekte oft große Mengen an Speicherplatz, um Daten zu speichern und Modelle zu hosten.

Lösungen für die hohen Kosten

Nutzung von Cloud-Diensten

Cloud-Service-Anbieter wie AWS, Google Cloud und Microsoft Azure bieten spezialisierte Dienste für KI und maschinelles Lernen an. Diese Dienste ermöglichen es Unternehmen, Rechenressourcen nach Bedarf zu skalieren, wodurch hohe Vorabkosten vermieden werden können. Man zahlt in der Regel nur für das, was man tatsächlich nutzt.

Open-Source-Tools

Es gibt eine Vielzahl von Open-Source-Tools und -Bibliotheken für KI und maschinelles Lernen, wie TensorFlow, PyTorch und Scikit-learn. Diese Tools sind kostenlos verfügbar und werden oft von einer aktiven Community unterstützt, die regelmäßig Updates und Verbesserungen bereitstellt.

Optimierung von Modellen

Durch die Optimierung von KI-Modellen kann deren Größe reduziert und die benötigte Rechenleistung für das Training und die Inferenz minimiert werden. Techniken wie

Quantisierung, Pruning oder effiziente Netzwerkarchitekturen können hierbei hilfreich sein.

Edge Computing

Anstatt Modelle in der Cloud zu hosten und zu betreiben, können sie direkt auf Endgeräten (z. B. Smartphones oder IoT-Geräten) ausgeführt werden. Dies kann die Notwendigkeit reduzieren, ständig Daten in die Cloud zu senden und von dort zu empfangen, wodurch Kosten gespart werden.

Überzogene Erwartungen an die KI

Durch die Medien, den Hype um Startups und die Versprechen von Technologieunternehmen kann der Eindruck entstehen, dass KI nahezu jedes Problem lösen kann. Dies führt oft zu überzogenen Erwartungen bei Stakeholdern, Investoren und sogar beim internen Team. Wenn diese Erwartungen nicht erfüllt werden, kann dies zu Enttäuschungen, Vertrauensverlust und finanziellen Verlusten führen.

Lösungen für überzogene Erwartungen

Klare Kommunikation über KI-Fähigkeiten

Es ist wichtig, sowohl intern als auch extern klar zu kommunizieren, was KI tatsächlich leisten kann und was nicht. Dies beinhaltet eine ehrliche Darstellung der Fähigkeiten der Technologie, ihrer Grenzen und der potenziellen Risiken.

Festlegung von klaren Zielen

Bevor ein KI-Projekt gestartet wird, sollten klare und messbare Ziele festgelegt werden. Dies hilft dabei, den Fokus zu behalten und sicherzustellen, dass die Entwicklung in die richtige Richtung geht.

Einführung von Erfolgsmetriken

Neben der Festlegung von Zielen ist es wichtig, Metriken zu definieren, mit denen der Erfolg gemessen werden kann. Diese Metriken sollten sowohl die technische Leistung (z. B.

Genauigkeit des Modells) als auch geschäftliche Ergebnisse (z. B. Umsatzsteigerung) berücksichtigen.

Regelmäßige Überprüfung und Anpassung

Die Fortschritte im KI-Projekt sollten regelmäßig überprüft und mit den festgelegten Zielen und Metriken abgeglichen werden. Dies ermöglicht es, frühzeitig Anpassungen vorzunehmen und sicherzustellen, dass das Projekt auf Kurs bleibt.

Ethik und Datenschutz in KI

Die Anwendung von Künstlicher Intelligenz birgt sowohl ethische als auch datenschutzrechtliche Herausforderungen, wie bereits mehrere Male besprochen wurde in diesem Buch. Ethik betrifft Fragen wie Diskriminierung, Vorurteile und Transparenz in KI-Entscheidungen. Datenschutz hingegen bezieht sich auf den Schutz personenbezogener Daten und die Einhaltung von Datenschutzgesetzen und -bestimmungen.

KI-Modelle können, wenn sie mit voreingenommenen Daten trainiert werden, diskriminierende oder unfaire Entscheidungen treffen. Dies kann bestimmte Gruppen benachteiligen und zu sozialen Ungerechtigkeiten führen.

KI-Systeme, insbesondere solche, die auf großen Mengen personenbezogener Daten trainiert werden, können die Privatsphäre der Einzelpersonen gefährden, wenn diese Daten ohne Zustimmung verwendet oder unsachgemäß gespeichert werden.

Lösungen für Ethik und Datenschutz

Implementierung von Datenschutzrichtlinien

Unternehmen sollten klare Richtlinien für den Umgang mit Daten erstellen. Diese Richtlinien sollten sicherstellen, dass Daten sicher gespeichert, übertragen und verarbeitet werden und dass sie nur für die beabsichtigten Zwecke verwendet werden.

Einholung von Zustimmungen

Bevor personenbezogene Daten gesammelt oder verwendet werden, sollten Unternehmen die ausdrückliche Zustimmung der betroffenen Personen einholen. Dies sollte in einer klaren und verständlichen Sprache erfolgen und den Zweck der Datenerhebung genau angeben.

Ständige Überprüfung der KI-Modelle

KI-Modelle sollten regelmäßig auf mögliche Vorurteile oder Diskriminierungen überprüft werden. Dies kann durch Techniken wie Fairness-Audits oder durch die Überprüfung der Modellentscheidungen auf Diskrepanzen in verschiedenen Bevölkerungsgruppen erfolgen.

Transparenz und Erklärbarkeit

Unternehmen sollten sicherstellen, dass ihre KI-Systeme transparent sind und dass Entscheidungen, die von diesen Systemen getroffen werden, erklärbar sind. Dies kann durch den Einsatz von erklärbarer KI oder durch die Bereitstellung von Informationen über die Funktionsweise des Modells erreicht werden.

Was geschieht, wenn Startups auf den Einsatz von KI verzichten?

Es ist an dieser Stelle wichtig zu beachten, dass der Nicht-Einsatz von KI nicht zwangsläufig zu negativen Ergebnissen führen muss. Es gibt viele erfolgreiche Startups, die derzeit ohne KI auskommen. Die Entscheidung, ob KI eingesetzt wird oder nicht, sollte auf den spezifischen Bedürfnissen und Zielen des Startups basieren.

Doch es sei die Frage gestattet, ob die Chancen eines Startups auf Erfolg durch den Einsatz von KI-Werkzeugen in Zukunft erhöht oder gesenkt werden. Ich denke, die Antwort darauf ist klar.

Folgende Probleme könnten sich in naher Zukunft für all diejenigen Unternehmen auftun, die auf den Einsatz von KI-Technologien verzichten:

Verpasste Wettbewerbsvorteile

Andere Unternehmen oder Startups, die KI in ihre Prozesse und Produkte integrieren, können effizienter arbeiten, bessere Kundenerfahrungen bieten oder innovative Produkte entwickeln. Startups, die keine KI nutzen, können zurückbleiben und es schwerer finden, sich auf dem Markt zu behaupten.

Der Verlust von Marktanteilen und reduzierte Profitabilität können die Folge sein.

Höhere Betriebskosten

KI kann viele Prozesse automatisieren und optimieren, was zu Kosteneinsparungen führt. Ohne den Einsatz von KI könnten Startups höhere Betriebskosten haben, da sie manuelle oder weniger effiziente Prozesse beibehalten.

Geringere Gewinnmargen sorgen für weniger finanziellen Spielraum, der es wiederum verhindert, wichtige Investitionen und Innovationen voranzutreiben.

Mangelnde Personalisierung und Individualisierung

Viele moderne Dienstleistungen und Produkte setzen auf KI, um personalisierte Erfahrungen für Kunden zu schaffen. Ohne KI könnten Startups Schwierigkeiten haben, individuelle Kundenbedürfnisse zu erkennen und professionell darauf zu reagieren.

Dies führt zu weniger Kundenzufriedenheit, geringere Kundenbindung und möglicherweise verpasste Verkaufschancen.

Langsamere Entscheidungsfindung

KI kann bei der Analyse großer Datenmengen helfen und so zu schnelleren und fundierteren Entscheidungen beitragen. Startups ohne KI müssen sich allein auf manuelle Analysen und Intuition verlassen, was den Entscheidungsprozess verlangsamen und die Ergebnisse verschlechtern könnte.

Dies kann zu verpassten Geschäftschancen führen und dafür sorgen, dass reaktive statt proaktiver Strategien in den Vordergrund rücken.

Schwierigkeiten bei der Skalierung

KI-Systeme können sich leicht an wachsende Datenmengen oder steigende Nutzerzahlen anpassen. Ohne KI könnten Startups es als schwierig empfinden, dass ihre Systeme und Prozesse nicht so leicht skalierbar sind, wenn das Unternehmen wächst. Manche Startups scheitern sogar, weil sie mit dem eigenen Wachstum nicht Schritt halten können und die Infrastruktur nicht anpassen können.

Technische Herausforderungen können leichter gelöst werden, höhere Kosten bei der Skalierung vermieden werden und möglicherweise das geschäftliche Wachstum vorantreiben.

25 nützliche KI-Tools für Startups

Hier sind 25 KI-Tools, die für viele Startups nützlich sein könnten, je nach ihrem Geschäftsfeld und ihren spezifischen Anforderungen:

TensorFlow

Eine Open-Source-Plattform für maschinelles Lernen, entwickelt von Google.

PyTorch

Eine von Facebook entwickelte Open-Source-Bibliothek für maschinelles Lernen.

Keras

Eine Open-Source-Softwarebibliothek, die als Schnittstelle für TensorFlow dient und das Erstellen von Deep-Learning-Modellen erleichtert.

IBM Watson

Eine KI-Plattform von IBM, die Lösungen für Datenanalyse, maschinelles Lernen und Automatisierung bietet.

Azure Machine Learning

Ein Cloud-basierter Dienst von Microsoft für die Entwicklung, Schulung und Implementierung von ML-Modellen.

Google Cloud AI

Googles Cloud-Plattform für KI-Dienste, die Tools für maschinelles Lernen, Spracherkennung und Bildanalyse bietet.

Chatfuel

Ein Tool zur Erstellung von Chatbots für Facebook Messenger, ohne dass Programmierkenntnisse erforderlich sind.

Dialogflow

Ein Google-Tool zur Erstellung von sprach- und textbasierten Chatbots und interaktiven Sprachantwortsystemen.

MonkeyLearn

Ein Textanalyse-Tool, das maschinelles Lernen verwendet, um Textdaten zu klassifizieren und zu analysieren.

H2O.ai

Eine Open-Source-Plattform für maschinelles Lernen, die automatisiertes maschinelles Lernen unterstützt.

DataRobot

Eine Plattform für automatisiertes maschinelles Lernen, die den Prozess der Modellerstellung und -implementierung beschleunigt.

BigML

Ein Cloud-basierter Dienst, der Tools für maschinelles Lernen und Datenanalyse bietet.

Rasa

Ein Open-Source-Framework zur Erstellung von Chatbots und Sprachassistenten.

Pandas

Eine Python-Bibliothek für Datenmanipulation und -analyse.

Scikit-learn

Eine Open-Source-Bibliothek für maschinelles Lernen in Python.

NLTK (Natural Language Toolkit)

Eine Bibliothek für die Arbeit mit menschlichen Sprachen-Daten in Python.

Spacy

Eine fortschrittliche Bibliothek für Natural Language Processing in Python.

Tesseract

Ein Open-Source-OCR-Tool (Optical Character Recognition) zur Texterkennung in Bildern.

OpenCV

Eine Open-Source-Bibliothek für Computer Vision und maschinelles Lernen.

Alteryx

Eine Plattform für Datenanalyse, die Datenzusammenführung, maschinelles Lernen und Datenvisualisierung unterstützt.

Tableau

Ein Tool für Datenvisualisierung und Business Intelligence, das KI-gestützte Analysen bietet.

RapidMiner

Eine Softwareplattform für Datenwissenschaft, die maschinelles Lernen, Datenpräparation und Modellierung unterstützt.

BERT (Bidirectional Encoder Representations from Transformers)

Ein von Google entwickeltes Modell für Natural Language Processing, das "Deep Learning" nutzt.

GPT (Generative Pre-trained Transformer)

Ein Sprachverarbeitungsmodell von OpenAI, das für eine Vielzahl von Aufgaben eingesetzt werden kann.

Elasticsearch

Eine Such- und Analysemaschine, die große Datenmengen in Echtzeit verarbeiten kann.

Schlusswort

„Jedem Anfang wohnt ein Zauber inne" – dieser Satz von Hermann Hesse beschreibt sehr anschaulich, in welcher Situation wir uns mit der Künstlichen Intelligenz befinden könnten. Leider agieren die meisten Menschen sehr mit folgendem Zitat: „Jedem Anfang wohnt eine große Angst inne".

Dies ist deshalb schade, weil hier große Chancen verpasst werden, die eigene Zukunft zu kreieren. Vor allem Startups schenken leichtfertig die Möglichkeit her, wettbewerbsfähig zu werden oder zu bleiben.

Natürlich gibt es auch negative Aspekte und Dinge, die wir in diesem Kontext noch ausformulieren müssen – etwa ethische Komponenten, Datenschutzkriterien, etc. Aber die Wann mit dem Kinde auszuschütten, bringt niemanden weiter.

Das Ironische an der Vermeidungstaktik – sie schafft genau die Situation, die sie zu vermeiden beabsichtigt. Indem Startups sich nicht mit den Chancen und Möglichkeiten der neuen Technologien auseinandersetzen, graben sie sich ihr eigenes Wasser ab und es tritt der Umstand ein, den sie am meisten fürchteten.

Egal, wie man zu KI und Co. steht – eines ist klar: Wir kommen an ihr nicht mehr vorbei. Wahrscheinlich wird sie derzeit, wenn man Börsen und Co. analysiert, zu sehr gehypt, doch Entwicklungen geschehen immer in Wellen und Zyklen. Ich bin der festen Überzeugung, dass wir den Beginn einer neuen Ära erlebt haben, ähnlich gravierend wie damals beim Internet.

Natürlich werden KI und Co. nicht Allheilsbringer, sondern die professionelle Auseinandersetzung mit ihr wird

Ergebnisse hervorbringen, die man bis dato nicht für möglich gehalten hätte.

In diesem Sinne wünsche ich Ihnen alles erdenklich Gute bei der Bewältigung der anstehenden Aufgaben und noch mehr wünsche ich Ihnen, dass Sie das Potenzial der neuen Technologien erkennen und für sich nutzbar machen können. Egal, ob Sie selbst ein Startup betreiben oder eine Karriere in einem Konzern anstreben.

Ich freue mich, dass Sie mir bis an diese Stelle des Buches „gefolgt" sind, und es wäre mir eine ebenso große Freude, wenn Sie mir Feedback oder Anregungen über dieses spannende Thema KI und ihre Auswirkungen auf unsere Art, die Welt zu sehen und in ihr tätig zu sein, mitteilen.

Ich bin für Sie unter folgender E-Mailadresse erreichbar:

michael.lieser@evionic.com

Anhang

[1]Sofortige Entwicklungspause gefordert: Elon Musk und über 1000 Tech-Riesen warnen in offenem Brief vor KI (stern.de) [29.03.2023]

[2]Facebook musste AI abschalten, die „Geheimsprache" entwickelt hat (welt.de) [28.07.2017]

[3]Umstrittene KI von Google hat Anwalt eingeschaltet (forschung-und-wissen.de) [19.06.2022]

[4]„Internet wird kein Massenmedium" (derstandard.at) [02.03.2001]

[5]Internet und Globalisierung (globalisierung-fakten.de) [31.08.2023]

[6]Die Geschichte der Künstlichen Intelligenz (bosch.com) [30.01.2018]

[7]Digitale-Trends-Künstliche-Intelligenz-allgemein-PDF (bvdw.org) [31.08.2023]

[8]Umfrage Künstliche Intelligenz (continental.com) [Umfragezeitraum 28.02. – 01.03.2023]

[9]Mehrheit der Deutschen sieht eigene Jobs durch KI nicht gefährdet (horizont.de) [24.04.2023]

[10]What is deep learning? (ibm.com) [31.08.2023]

[11]Was ist ein rekurrentes neuronales Netz (RNN)? (bigdata-insider.de) [05.07.2019]

[12]Rund 90 Prozent der Unternehmen geben laut neuer Studie an, dass ihr Erfolg von datengesteuerten Entscheidungen der Mitarbeiter an vorderster Front abhängt (thoughtspot.com) [05.05.2022]

[13]KI entwirft G-Klasse-Gegner (auto-motor-und-sport.de) [31.01.2023]

[14]Der erste Computer der Welt: Z3 von Konrad Zuse fand damals kaum Beachtung (ingenieur.de) [12.05.2021]

[15]Xerox Alto: Everything You Need to Know (history-computer.com) [31.07.2023]

[16]The evolution of the Macintosh — and the iMac (computerworld.com) [28.04.2021]

[17]Die Geschichte des Smartphones - wie alles begann (pcwelt.de) [30.11.2022]

[18]Kunst aus dem Computer: Faszination KI-Design (bmw.com) [30.10.2018]

[19]Fahrzeuge leicht gemacht - dank KI (konstruktionspraxis.vogel.de) [03.08.2022]

[20]Auf dem Weg zur Gedankensteuerung (derstandard.at) [30.05.2023]

[21]Neuro-Steuerung: Nextmind setzt Gedanken in Computerbefehle um (t3n.de) [13.01.2020]

[22]Ein aufhaltsamer Aufstieg: Kurze Geschichte der automatisierten Gesichtserkennung (cilip.de) [05.05.2020]

[23]Wie viele Startups scheitern (gruenderpilot.com) [31.08.2023]

[24]Warum Startups scheitern: Das sind die 20 häufigsten Gründe (t3n.de) [22.01.2016]

[25]Die ersten digitalen Headhunter Deutschlands (headfound.com) [31.08.2023]

Über das Buch – Disrupt or be disrupted

Der Wandel der Welt und der Wirtschaft ist unübersehbar. Jeder von uns erfuhr schon im Laufe seines Lebens die ungeheure Tragweite großer Ereignisse, die mit dem Begriff „Disruption" bezeichnet werden. Disruption findet in der Wirtschaft, im Bankenwesen, ja selbst im Privatleben jedes Einzelnen von uns statt. Sie sorgt nicht nur für Veränderungen, sondern Disruption lässt keinen Stein auf dem anderen.

Am Beispiel der Automobilindustrie zeigt Michael Lieser, wie junge Führungskräfte, egal welcher Branche, und solche, die es noch werden wollen, sich idealerweise auf die nächste Disruption vorbereiten und dadurch maßgeblich profitieren können. Wer die Funktionsweise von Wirtschaft versteht, kann sie auch proaktiv mitgestalten. Michael Lieser zeigt die notwendigen Fähigkeiten, Kompetenzen und Denkweisen auf, die für ein modernes Wirtschaften unumgänglich sind.

Michael Lieser

Disrupt
or be
disrupted

Was Unternehmen von Tesla,
Uber und Airbnb lernen müssen

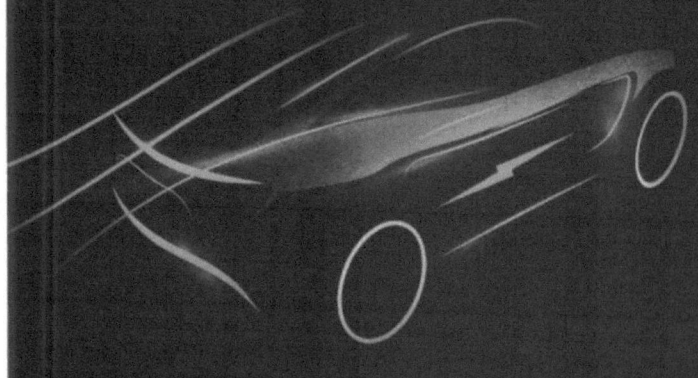

Mentoren
Verlag